学校课程发展
精品丛书

丛书主编

舒小红　杨四耕

主编

胡乐红

学科课程群与
全经验学习

华东师范大学出版社

·上海·

图书在版编目(CIP)数据

学科课程群与全经验学习/胡乐红主编. —上海：华东师范大学出版社,2020

（学校课程发展精品丛书）

ISBN 978－7－5760－0583－7

Ⅰ.①学… Ⅱ.①胡… Ⅲ.①小学－课程建设－教学研究 Ⅳ.①G622.3

中国版本图书馆 CIP 数据核字（2020）第 189405 号

学校课程发展精品丛书

学科课程群与全经验学习

丛书主编　舒小红　杨四耕
主　　编　胡乐红
责任编辑　刘　佳
项目编辑　林青荻
特约审读　郑　月
责任校对　吴　杨　时东明
装帧设计　风信子

出版发行　华东师范大学出版社
社　　址　上海市中山北路 3663 号　邮编 200062
网　　址　www.ecnupress.com.cn
电　　话　021－60821666　行政传真 021－62572105
客服电话　021－62865537　门市（邮购）电话 021－62869887
地　　址　上海市中山北路 3663 号华东师范大学校内先锋路口
网　　店　http://hdsdcbs.tmall.com

印 刷 者　上海锦佳印刷有限公司
开　　本　787 毫米×1092 毫米　1/16
印　　张　15.75
字　　数　220 千字
版　　次　2021 年 1 月第 1 版
印　　次　2022 年 11 月第 2 次
书　　号　ISBN 978－7－5760－0583－7
定　　价　48.00 元

出 版 人　王　焰

（如发现本版图书有印订质量问题，请寄回本社客服中心调换或电话 021－62865537 联系）

丛书编委会

主　编：舒小红　杨四耕

副主编：周　林　汪智星

成　员：（按姓氏笔画为序）

　　　　万远芳　王玉燕　李美荣　杨　舸　杨四耕　邹　娟

　　　　汪智星　张　蕾　罗先凤　周　林　胡乐红　秦文英

　　　　徐耀志　高友明　崔春华　章　明　舒小红

本书编委会

主　编：胡乐红

副主编：涂汉洪

成　员：（按姓氏笔画为序）

　　　　甘海燕　李伶俐　李艳萍　聂明珠　徐雅琴　徐耀志

　　　　黄　丹　曹　越　龚　明　章　怡　廖红妮　熊　燕

丛书总序

区域课程改革既受国家课程改革政策影响,又与学校课程变革主体意愿相关。无论是国家课程改革的落地,还是学校课程变革的统领,都和区域这个中间环节密不可分。就区域课程改革推进模式而言,主要有"自上而下"的空降模式、"自下而上"的草根模式和"平行主体"的分布模式等三种。从宏观角度看,自上而下的课程变革层级设计是最有效的;从微观角度看,自下而上的课程变革主体参与是最重要的;从文化角度看,平行主体的课程变革激励分享是最有意义的。面对各种课程变革模式,如何取长补短是区域课程改革的路径选择和实践智慧。

美国当代教育改革家约翰·I.古德莱德(John I.Goodlad)和克莱因(M.Frances Klein)、肯尼思·A.泰伊(Kenneth A.Tye)提出"课程层级论"思想,他们将课程分为五个层级:(1)理想的课程,由研究机构、学术团体和课程专家倡导的、以纯粹形式呈现的课程形态。这类课程是否产生实际影响,主要看它是否为官方所采纳;(2)正式的课程,是获得州和地方学校委员会同意,由学校和教师采用的课程,也就是列入学校课程表的课程;(3)领悟的课程,指头脑中领悟的、理解的课程,被官方采纳的正式的课程会以学科形式呈现,经教师理解和领悟进入实施状态;(4)实施的课程,教师根据具体的教育情境,对"领悟的课程"作出调整使之成为"实施的课程",进入课堂教学;(5)体验的课程,这是学生实际体验到的课程,尽管经历了同样的课程与学习,但不同学生会获得不同的学习体验,该层次的课程是对整个课程组织流转的最终检验和落实。①

在古德莱德看来,上述五个课程层级,每个课程层级都必须进行三个方面的探究:一是实质性探究,包含对课程目标、学科内容以及教材等课程实体要素的本质和价值研究;二是社会性探究,包括对人类发展过程的研究,通过"政治—社会"研

---

① John I. Goodlad and Associates(eds.). Curriculum Inquiry:the study of curriculum practice[M]. New York:McGraw Hill,1979:344 - 350.

究看到利益倾向及其因果关联；三是专业性探究，主要从"技术—专业"角度考察个体或群体对课程的设计、维护和评价，进而改进、推动或者更新课程。[①] 前两个方面主要探究课程的价值与原理，后一个方面主要探究课程的技术与实践。古德莱德认为每个层级的课程都必须对其本质与价值、政治与社会、技术与专业进行细节性地审视和实践化处理，才能真正促使课程一层一层地垂直落地。

古德莱德"课程层级论"揭示了课程从理论形态到实践形态的运动过程，使人们对课程概念的理解从静态角度转换到动态角度，真正把课程看成是层次化、系统化和生态化的复杂系统，使我们既看到课程的宏观系统，又看到课程的微观层面；既关注原理的探究，又关注实践的落实，对课程从哪里来，要到哪里去，从时间流上考察清楚了。

按照古德莱德"课程层级论"思想，课程改革从区域布局到学生学习整个自上而下的"课程链"有五个层级：(1)区域层面，代表国家，推行"理想的课程"；(2)学校层面，基于本校，规划"正式的课程"；(3)科组层面，立足学科，设计"理解的课程"；(4)教师层面，深耕课堂，创生"实施的课程"；(5)学生层面，聚焦学习，获得"经验的课程"。每个课程层级内部有一个"势能储层"。按照《简明不列颠百科全书》的解释：势能是由系统各部分的相对位置所决定的储能，势能是系统的特性而不是单个物体或质点的性质。[②] 势能是个状态量，是相互作用的物体所共有的。我们用"势能储层"这个概念来表达在一个课程层级内的若干要素之间的相互作用情况，每个课程层级就是一个"势能储层"，该层级内部各要素，如资源、环境、主体等相互作用，产生一定的"能量"，进而推动着课程变革进一步落地，形成区域课程改革的瀑布模型(见图 1)。

1. 区域层面：代表国家，推行"理想的课程"

区域层面如何以国家课程政策为依据，以学科课程标准为基础，整合性地推进"理想的课程"落地？课程是最重要的改革载体，区域课程改革必须立足实际，基于"五育并举"的要求，把对学校发展、教师发展以及学生发展产生影响的各种因素及

---

① (瑞典)胡森,(德)波斯尔斯韦特.教育大百科全书第 7 卷[M].重庆:西南师范大学出版社,2006:109.
② 姜椿芳.简明不列颠百科全书第 7 卷[M].北京:中国大百科全书出版社,1986:323.

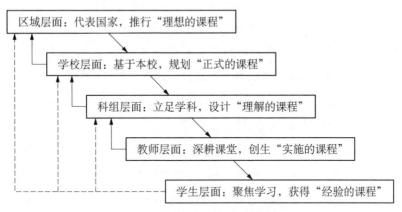

图1　区域课程改革的瀑布模型图

资源进行整合考虑,建构系统的区域课程变革框架。南昌市东湖区组织各层面专家学者以及校长头脑风暴,广泛听取意见,对区域课程改革进行了梳理和归纳,通过充分调查研究,出台了《南昌市东湖区教育科技体育局关于提升中小学课程品质的指导意见》。这是一份"理想的课程"如何落地的宣言书,该指导意见从意义、目标、重点工作和保障措施四个方面为区域课程改革提供操作性指导意见,其目标在于"实践导向、精细设计,以点带面、聚焦特色,整合力量、共同发展",优化工作机制,整合教研、科研、培训、督导等方面的力量,培育一批有推广价值的课程改革经验,促进区域课程品质整体提升;重点工作聚焦在完善课程体系,加强课程建设,改进课程实施,促进课堂转型,构建多元评价体系等方面;本着"先行试点、积极探索、逐步推广、全面推进"的要求,积极稳妥地推进中小学课程改革,提升学校课程品质。应该说,通过区域课程改革政策设计,系统规划了区域课程改革,提高了区域课程改革的理解力和设计力。

2. 学校层面:基于本校,规划"正式的课程"

学校层面如何立足本校实际,推进课程深度变革呢?这一课程层级可以研制学校整体课程规划为抓手,规划"正式的课程",进而提升学校课程领导力。南昌市东湖区每所学校均以校长为核心组建学校课程领导小组。学校课程领导小组牵头研制学校整体课程规划,建立与学校内涵发展相匹配的课程体系,提升学校课程品质。学校整体课程规划关注以下七个关键问题：(1)分析学校课程情境，明确学校课程变革的家底；(2)确定学校课程哲学，把握学校课程变革的价值取向；(3)厘定学校课程目标，引领学校课程方向；(4)设计学校课程框架，建构学校课程体系；(5)布局学校课程实施，转变课程育人方式；(6)改进学校课程评价，提升学校课程品质；(7)探索学校课程管理，保障课程扎实落地。学校根据自身实际情况，以内涵发展为中心，通过整体课程规划，优化学校课程结构，设计适合学生发展的课程体系，有逻辑地推进学校课程变革。① 学校课程变革是一个不断研究、深化的过程，学校整体课程规划本质上是以校长为核心的领导团队关于课程的价值判断力、目标厘定力、框架建构力、实施推动力和管理保障力的探索过程，是课程领导团队通过研究系统规划"正式的课程"的过程。

3. 科组层面：立足学科，设计"理解的课程"

学校是有明确职能分工的科层组织，学科教研组是其中最重要的业务组织。学科教研组层面如何立足学科，设计"理解的课程"，便是这一课程层级需要思考的问题。在南昌市东湖区，我们推进学校学科教研组研制学科课程群建设方案，促进教师理解课程的真谛，进入课程领域，发现课程的意义。立足学校与学科实际，学科课程群建设方案主要从以下六个维度进行设计：(1)确定学科课程哲学，把握学科课程价值观；(2)厘定学科课程目标，细化学科核心素养要求；(3)设计学科课程框架，活化学科课程内容；(4)布局学科课程实施，转变学科学习方式；(5)改进学科课程评价，提升学科课程品质；(6)探索学科课程管理，保障学科课程落实。实践证明，学科是中小学教师的专业家园，学科教研组组长是学科课程建设的带头人，是学科课程的主要决策者。通过学科课程群建设方案的设计，带领学科教师走进课程世界，在课程实践中不断建构分享型组织文化，是一所学校课程变革的一个重要维度。

4. 教师层面：深耕课堂，创生"实施的课程"

教师即课程，教师的课程理解决定着教师的教学行为。教师创生课程是专业自主权发挥的体现，是个性化教学生成的重要标志。有学者认为"教师即课程"有

---

① 杨四耕.学校课程变革的逻辑与深度[J].中小学教育(人大复印资料)，2016(7)：45-47.

两个内涵：其一，教师是课程的内在要素，是课程的有机组成部分；其二，教师是课程的创造者，创造课程是教师的责任。[①] 立足课堂教学，教师创生着最现实、最富有实践感的课程，也就是"实施的课程"，其中包含师生关系在内的隐性课程、学科知识的经验再现课程以及拓展延伸的生成课程等表现形态。在南昌市东湖区，我们倡导教师从四个方面激活课程：一是培育课程敏感，让教师在课堂教学中，富有学科育人意识，有迅速捕捉课程资源的机智，充分发展课程的意义；二是提出教学主张，让教师把握学科本质，深化课程理解，对学科课程的理解，在一定意义上就是对学科本质的探寻；三是立足儿童成长，让课堂洋溢生命感，让课程成为给予儿童最重要的礼物，成为支持学生的创造和生长的资源；四是激活课程创生，在鲜活的教育情境中创生课程，践行"教师即课程"的美好追求。从静态知识观到生成课程观，从知识的预设到课程的创生，教师在课堂教学中充分发挥课程实施的主体创造性，实现对课程的情景性理解和把握，全面增值课程的育人价值，这就是"深耕课堂"的意涵，这就创生了"实施的课程"。

5. 学生层面：聚焦学习，获得"经验的课程"

"经验的课程"是学生实际体验到的课程，是儿童经验的改组和改造，是课程运行的最终归宿和效果落实。为了丰富学生的学习经历，促进儿童获得有价值的"经验的课程"，在南昌市东湖区，我们强调以下四点。其一，准确把握学科知识的育人价值。学科知识是系统化的人类经验，有其特别的价值。我们倡导以生动的事实与学科知识有机结合的"课程微处理"，让儿童从经验中学习，"行动就变成尝试，变成一次寻找世界真相的实验；而承受的结果就变成教训——发现事物之间的联结"。[②] 其二，实现学科知识和学生经验的全面联结。课程既包括静态的知识体系，也包括动态的学习过程，知识体系和经验世界共同构成了课程的风景，促进二者的融通是经验增值的途径。没有学生的经验活动过程，学科知识只是"死的符号"，是没有意义的。其三，寻找课程内容与学生经验的最佳结合点。学科知识中的概念归纳、逻辑推理、事理演绎，都必须以学生的生活经验为基点，使学科知识贴近儿童

① 陈丽华.教师即课程：蕴涵与形式[J].课程·教材·教法，2010(6)：10.
② (美)约翰·杜威.民主主义与教育[M].王承绪，译.北京：人民教育出版社，1990：149.

的生活体验,让知识逻辑变为学生可感的经验表达,促使琐碎的经验事实不断地向系统的知识逻辑发展。其四,引导学生进行真实的经验探索和评述。经验是具体的尝试过程,学生不能在被动静听中获得经验,只有在亲自"做"的过程中才能发展出真实的经验。教学要为学生提供经验探索的环境,引导学生主动尝试、积极求索,在发现问题和解决问题中获得经验,表述和评价经验的形成过程和成果。

综上所述,区域课程改革是镶嵌于上述五个"课程层级"中的若干不同主体、不同事件和活动构成的系统运作过程,由上至下构成了一个瀑布式课程推进模型。瀑布给人雄伟、壮观的印象,大家可以想象一下这样的画面:瀑布的上方有个储水池,溪流源源不断地往储水池注水,当池面水位达到一定高度,就会在水池边沿溢出,形成壮观的瀑布场景。溪水倾泻到瀑布底端后,又流进了一个储水池,当水面达到一定高度后又会溢出流入下一个水池,如此一层层往下流动,形成连续的瀑布场景。区域课程变革过程也像这样一个瀑布流,在每个"课程层级"都需要经历"储能"的过程,就像溪水流入每一个储水池,都需要时间积累和事件增值,当水位达到一定高度才发生溢出效应。

事实上,区域课程改革是通过设计一系列阶段性项目任务而展开的,从问题界定到需求分析,从项目确定到策略选择,从项目推进到评估反馈,每一个阶段的项目任务都有明确的内容,都会产生瀑布效应。课程改革项目进程从一个阶段"流动"到下一个阶段,逐步落实与推进,并溅起无数"浪花",形成整体"水幕"的过程,我们可以称之为瀑布式课程改革过程。① 从深层次看,瀑布式课程改革是课程政策由外部向内部、由宏观向微观、由理念构建向实践创新转换的关键所在,整个过程包含界定问题、需求定位、项目聚焦、策略选择、触点变革、项目推广、评估反馈等阶段。通过瀑布式推进,区域课程改革氛围可以浓郁起来,课程改革项目可以落地有声。

杨四耕

2020 年 6 月 18 日于上海市教育科学研究院

---

① 杨四耕.区域课程改革的瀑布式推进[N].中国教师报,2017 – 8 – 16(13).

目 录

创客学习在理念层面是一种基于设计的学习，在实践层面是一种跨学科的学习，在本质层面是一种基于创造的学习，其核心特征是探究、创造、创新的统一。这种新型学习秉承培养创新意识、创新思维、创新技能的教育理念，回归教育之本，以尊重、呵护儿童身心发展，通过项目式学习的教学方式将创新理念与创客教育相融合，为儿童提供了一次有意义的学习经历。

儿童的学习不仅是知识的学习，更是对思想、方法的体验学习；儿童的学习不仅是解答问题，更是思维体系下理性精神的生成过程。课程将知识与技能在真实情境中用于解决问题，以发展批判性思维、创新能力、合作精神、交往能力以及学会学习等认知策略为目标，设计儿童主动参与的创造性拓展学习活动。课程倡导愉悦的情感体验，让学有温度；重视批判理解，让学有深度；关注关联建构，让学有宽度；注意多元反思，让学有厚度。

第三章 ｜ **浸润学习：** 内在价值的濡习　　　　　　　　/ 071

浸润学习，从字面意思来看，需要把大脑滋润在某一种学习环境，学习氛围，学习状态中。浸润，能让课堂充满丰润之美，作为语文教师要让自己的课堂充满诗意，张扬青春的活力。教师所面对的是一个个鲜活的个体，儿童有思想、有热情、有活力，教师给予儿童的是丰富的学科营养和高尚的道德情操，教师是儿童精神世界的引导者。理想的教育课堂要启迪儿童心智，开发儿童潜能，激发生命活力。

第四章 ｜ **具身学习：** 让儿童与语言悄然融合　　　　　　/ 111

具身学习是利用学习者的具身经验和身体动作完成认知任务的学习，是一个基于具身认知理论、整合学习科学、人机交互和学习环境设计研究的新兴领域。具身学习以解放儿童的身体为前提，通过调动儿童多感官的身体运动来感知新学的内容。简单来说，就是在课程教学过程中充分整合儿童以往的"身体经验"，让儿童在学习过程中能够将学习经验与语言融合起来。

第五章 ｜ **空间学习：** 多维度艺术体验　　　　　　

儿童在学校学习的过程中,除了事先安排的常规课程,还包括课本教学外的非常规课程或者环境隐形课程。环境隐形课程主要有规则、法规和常规等构成,这也是让儿童在学习过程中健康成长的重要部分。空间学习是将常规课程与环境隐形课程进行结合,是多种认知和非认知因素交互作用的复杂过程,将用思维构建的物理性学习的认知空间,用缤纷的艺术体验拓展认知空间的维度建构想象空间进行交互融合,建立科学系统的发散性思维的学习模式。这种空间学习的方法用艺术形式的多样性来增加学习认知体验的多元化,陶冶艺术思维的创造力,让儿童真正在色彩斑斓的美感世界中感受到浸润与滋养,获得多维度的艺术体验。

第六章 ｜ **体验学习：** 艺术思维的源泉　　　　　　

体验学习是人最基本的学习形式,倡导人在实践活动过程中,通过反复观察、实践、练习,对情感、行为、事物的内省体察,最终认识到某些可以言说或未必能够言说的知识,掌握某些技能,养成某些行为习惯,乃至形成某些情感、态度、观念。

体验学习让儿童产生一种渴望学习的冲动,用脑子想、用眼睛看、用耳朵听、用嘴说话、用手操作,即用自己的身体去亲身感受,用自己的心灵去静心感悟,自愿地全身心地投入学习过程。在省思的体验中,儿童自觉连接当下的学习到过去、现在和未来,从而激发儿童的潜能,轻松收获个人或团队成功的体验。

前　言

创造有意义的学习经历

南昌市北湖小学创建于 1908 年,因其坐落于风景秀丽的北湖湖畔而得名。学校现有教学班 22 个,学生 1 000 余人,教职工 58 人。百余年的学海沧桑,史迹灿烂。北湖小学始终秉承科学育人的教育方略,依托多年"科技兴校"的发展战略,基于"以湖为镜,以创为行"的校园文化,积极实施科技创新教育,为儿童创造有意义的学习经历,让儿童最大限度地实现人生价值。科技创新教育已成为学校优质办学的引擎,正积极引领着学校办学水平的整体提升,目前学校已取得丰硕教育科研成果。如今,科技创新教育已融合到整个学校课程文化建设之中,形成"灵创课程"文化体系下,优质、高效、持续发展的教育新样态。学校先后获得全国头脑奥林匹克示范校、全国科技特色校、江西省科技示范校、江西省科普教育基地、南昌市德育先进单位、南昌市文明单位等多项荣誉称号。

一、 新方向: 走向有意义的学习经历

（一）育人求本真

国际 21 世纪教育委员会向联合国教科文组织递交的报告《学习:财富蕴藏其中》中提到,教育应围绕"学会认知""学会做事""学会共同生活""学会生存"四种学习层次进行安排。[①] 由此可见,学习应成为受教育者终生持续不断的经历。学习经历离不开课程,泰勒认为课程即学习经验,教育的基本

---

① 唐惠忠.社会热点话题作文构思提示[J].中学语文教学,2002,2:48—49.

手段是提供学习经验。我们的品质课程实质就是为儿童创造有意义的学习经历。儿童学习经历不仅可持续,还能在课程结束后,在他们的生活中具有价值。有意义的课程学习经历将提升他们的生命价值,为他们进入不同社会群体或进入工作领域而准备。

课程是践行学校办学思想体系最重要的载体。课程是实践办学理念、实现办学宗旨的最直接途径,也是对学校办学思想的最佳诠释。[①] 丰富学生学习经历是课程的核心理念。我校积极树立课程是为学生提供经历并使其获得经验的观念。重视学生的学习经历和经验,强调课程设计必须从学生的角度出发,要与学生的经历和经验相联系,确立学生在学习中的主体地位。[②] 多措并举使学校课程建设始终立于学校文化的核心与灵魂之中。"学习因经历而生",促进学习必须丰富学习经历。丰富儿童学习经历的课程正是学校价值取向、目标追求、鲜明个性的具体反映,同时它体现在学校的方方面面,潜移默化地浸透在师生的言行之中。"创造有意义的学习经历"已成为学校全体教师的课程共识。

(二)传承求突破

通过对学校百年文化的理解和慎思,我们确立了"灵创教育"之教育哲学理念。"灵创教育"就是要呵护孩子的好奇心,唤醒孩子的潜能,把人的禀赋发展开拓到最佳境界,为儿童创造更多成长与进步的可能。在我们看来,"灵创教育"是创美的教育,致力于让每个儿童涵养气质;"灵创教育"是灵动的教育,致力于让每个儿童更加强健;"灵创教育"是灵慧的教育,致力于让每个儿童乐于求知;"灵创教育"是灵妙的教育,致力于让每个儿童张扬个性;"灵创教育"是创新的教育,致力于让每个儿童乐于创造。"灵创教育"是创优的教

[①] 何军,涂敏.恒守教育根本雅润精彩人生——以重庆市九龙坡区恒大雅苑小学为例[J].中小学校长,2018,4:65—67.

[②] 尚福建.目标、教学、评价一致性问题研究——以沪教版《思想品德》课程为例[D].上海:上海师范大学,2016.

育,致力于让每个儿童全面发展。

　　好雨知时节,当春乃发生。如今,课程改革已向纵深推进,"核心素养""关键能力"成为育人主旨,因此,课改愈加强调"学习经历",愈加重视"综合素养""创新能力"。学习自然就成了一种创造、一种经历、一种醒悟、一种自身的意义以及一种社会的价值。学习就是一个个真实体验、一个个创造生命意义的经历。课程的价值就是为儿童提供丰富而有意义的学习经历。"有意义的学习经历"强调丰富多样的"做中学""悟中学",引导儿童在浸润、具身、体验、空间等真实的学习场景中,成为一个个世界的发现者、研究者或探究者。

　　随着东湖区品质课程变革的推进,学校课程探究步入了新的春天。我们坚信,每一个生命都是灵动的;我们坚信,创想实践会发现每一个儿童的潜能;我们坚信,科技与教育的结合会创造出生命的乐章;我们坚信,保护每一个儿童的好奇心是教育的最美姿态;我们坚信,让儿童充满灵性地生长是每位教师的职业追求;我们坚信,学校是师生进行知识、能力和品质构建的创造天地。

（三）发展求实效

　　美国教育家华特说:"教育的外延与生活的外延相等。"[①]陶行知说:"教育必须是生活的。一切教育必须通过生活才有效。"由此可见,学习的本质是引导儿童在认识社会中去发现,去体会,去思考。从根本上说,"创造有意义的学习经历"不再是课堂上简单的"听中学""看中学""考中学"的低效过程,"创造有意义的学习"不再只局限于校内和书本,它应存在于学生的足迹所至和与世界相遇的情感交融中。我们的课程目标定为有意识地运用科学思维的方式,让儿童在揭开人类社会和大自然奥秘的认知中,去激发儿童探究创新思维的潜能。我们认为,在"灵创教育"的思想指导下,进行"有意义的学习

① 吴娟娟.中小学语文教师自主学习调查研究——以山西省临汾市为例[D].山西:山西师范大学,2010.

经历"就是儿童思考探究创造的过程,就是儿童在"灵动创想"的学习情境中,让他们与将来面对的世界保持最大的一致性,让他们的学习成为身心灵共情共智共融的经历与体验。

课程是学校培养和造就人才的重要载体,一所学校对学生的影响主要是通过课程来实现的。根据"灵创教育"的教育哲学理念和"让儿童充满灵性地生长"的办学理念,学校形成了如下"让儿童在创想实践中灵性生长"的课程理念。

课程即灵性生长的根本。基于学生差异性、独特性的需要是"灵创教育"开发的根本出发点。培养学生的想象力,激发学生的创造性,是一切教育内在的、本质的、终极的追求。"灵创教育"提倡尊重全面和谐发展的个性,尤其强调尊重具有特殊倾向、志趣、需要和才能的个性。灵创教育内容新颖、形式多样、与生活密切相关,它迎合了学生在兴趣、思维等方面的需要,最大限度地实现课程的育人价值。学生通过一系列与生活密切相关的课程学习,进而在完成现实世界任务的过程中获得知识和技能,获得动手实践能力,习得明辨性思维,经历积极的、灵性的、动感的、创意的体验。

课程即创想实践的基地。陶行知提出创造教育的概念,强调把行知、手脑统辖起来,培养学生形成"独出心裁"的意识和思维;叶澜提出的创造的教育,更看重教师的"全人格"塑造及其对学生品格素养方面的示范引导作用,从而创造性地为学生未来完善人性和完美生活铺垫。我们认为行思灵动的学习就是学生思考、探究、创造的过程,就是学生在灵动创智的学习情境中让现实生活与他们未来的生活进行有效连接。灵创教育以改变学习方式为突破口,重视研究性学习,倡导自主探究、实践体验和合作交流的学习方式,鼓励学生主动探究,敢于质疑,敢于实践。[①] 培养乐于动手、勤于实践的意识和习惯,从而培养学生的创新精神和实践能力。

课程即生活滋养的天地。在人的心灵深处,都有一种根深蒂固的需求,

① 雷纯力.初中数学应倡导自主、探究性教学[J].学习方法报(教研版),2011,(1121).

那就是希望自己有朝一日能成为一个发现者、研究者或探究者。我们期待，每一项课程都带给学生无尽的生活滋养，课程成为有滋有味的生活，儿童在其中尽情地探索，勇敢地尝试，愉快地交流，快乐地生长。

课程即特色彰显的基石。"科普特色"是学校的办学特色，集中体现了学校发展亮点。这一特色主要是基于学生的实际现状、学校的课程资源、学校和校长的办学思想，通过课程的开发和国家课程、地方课程相结合以及创造性地实施来逐步形成和体现的。学校"灵科探索"特色课程旨在培养儿童勇于探索、乐于创造、勤于实践的优良品质。灵创课程通过六大类课程为学生的成长提供了一片自由驰骋的天地，学生们的学习不再局限于书本知识，而是走向生活的广阔天地，亲身参与、主动实践，在实践中综合运用所学知识解决各种实际问题，使其想象力和创造力得到最充分的发挥。

课程即优化整合的桥梁。学校特色课程与地方发展规划紧密联系，从社区服务、社会性问题等方面寻找并开发主题，充分利用地方资源，加强学校教育资源、社会教育资源和网络教育资源的同步建设，形成多元的学习渠道，为培养儿童的创新精神和实践能力创造有利的条件。我校地处政治、教育、金融的市中心，周边文化氛围浓厚。附近有南昌市美术馆、江西中医药大学、南昌市工人文化宫、八一公园、步行街商业区等社会经济、文化机构和场所。此外，学校所在社区家长整体素质较高，参与学校教育的愿望迫切，这些都是极其宝贵的人脉资源、课程资源，很好地丰富了学校课程内容，提升了学校课程品质。

总之，学校对儿童的培养主要是通过课程实现的，课程既要体现国家意志，不折不扣地完成国家课程，也要体现学校特色，更要关注儿童的现状，只有适合的才是最好的，才能让儿童喜欢。学校以"灵创教育"作为课程建设的哲学底蕴，以"科普育德、科普促智、科普强体、科普掘美、科普培能"作为课程建设的实践主线，不断积淀着北小的课程底蕴。这种底蕴渗透在课程建设的方方面面，它已内化为全体师生的思想，渗透到全体师生的言谈举止中，流淌在全体师生的血液中，它是一种向上的力量，成为了师生进取的源泉，成为了学校强大的凝聚力。

二、 新框架： 设计有意义的学习经历

赖利·斯宾斯说："我们将无法满足越来越多、越来越高的教育需求,除非教授们成为学习经历的设计者,而不只是教书匠。"因此,课程设计的本质在于育人,即为儿童创造有意义的学习经历。

如何使课程设计建构成为一个让儿童学习、经历的"有意义"的过程呢?我们认为,育人目标是以课程为中介实现的。事实上,课程本身也是达到育人目标的手段。确定课程目标,明确课程与育人目标的关系,确保课程目标在课程中得到体现。课程目标就成为整个课程设计过程中最为关键的准则,课程目标就是课程建构的指南。

我们将《教育部关于全面深化课程改革落实立德树人根本任务的意见》《中共中央国务院关于深化教育教学改革全面提高义务教育质量的意见》等文件精神和百余年源远流长、内涵丰富的校园文化融入学校"灵创课程"的具体情境之中,融入学校育人的全过程,围绕立德树人的根本任务,逐渐明确了"大气、才气、朝气、雅气、正气"的育人目标。为了实现育人目标,我们将其进行了细化,形成了低中高年级的分级段课程目标。我们在课程建设中明确课程目标,重构学科目标与学科路径、学科与学科、课程与儿童等关系的变革思路。我们在课程变革中关注了各学科的逻辑体系,同时也关注了教师的教与学生的学以及课程内容与社会需求的关系。我们借鉴国际上已有的研究成果,在保留分科教学优势的基础上,将原本分散的十多门学科按照相似性重组,建构了学校"灵创课程"体系,形成了六大类课程群:灵尚修身课程、灵慧言语课程、灵妙思维课程、灵科探索课程、灵动康健课程、灵艺雅美课程。(见图 1)

总而言之,课程就是儿童对学习内容、学习过程和学习活动方式在价值识别、价值判断和价值确认基础上产生的一种积极的意义体悟和意识过程。

图 1　北湖小学"灵创课程"结构图

在我们看来,人是一种意义的存在,人与事物之间,是通过意义而发生联系的。人不仅仅存在着,而且不断地寻求着存在的意义,创造着存在的意义。为儿童创造有意义的学习经历就是让儿童在轻松活跃的环境中全身心、多维度地投入,并通过教师引导,将育人目标与课程目标进行完美地融合,带给儿童一种全新模式的体验。只有让儿童感到学习是有意义和价值的,所学知识是符合自身成长需要的,儿童才能感受快乐、有所收获。

三、 新路径: 创造有意义的学习经历

"学者,觉也"(《礼记王制》),"学而不思则罔,思而不学则殆"(《论语·为政》),"学莫贵于自得"(程颐),"思之自得者真,习之纯熟者妙"(王廷相),分别是古圣先贤对于学习的真义、原则、方法、功能的经典性表述。要想使学习过程成为学生有意义的学习经历,首先要激发儿童兴趣和需要。人本主义学

习理论认为："所有学生都有学习动机。① 而如何使所有学生的学习动机,专注于为他所设定的学科,显然是课程实施的关键所在。"

三年来,我们推进学校课程变革,为儿童发展创造有意义的学习经历,让我们更加坚信高品质课程建设对于推动学校发展的关键作用。驻足回望,我们对"灵创课程"的建设和实施有了更加深刻的实践体会。

(一) 创建"灵创课堂",激活认知学习

"灵创课堂"是北湖小学的教师们在"灵创教育"哲学思想指引下构建的新型课堂,是关注儿童身心灵发展的课堂,是全体师生共情共智、共生共成、循序渐进、因材施教的课堂。"灵创课堂"是儿童获取知识、锻炼技能、收获喜悦的场所,是儿童可学、可思、可问的乐园。

"灵创课堂"是"灵创学科"建设的有效载体,通过各学科高品质的"灵创课堂"来推进学科拓展课程的建设和实施,势必事半功倍。"灵创学科"将国家规定的基础课程和教师开发的拓展课程合在一起,形成了"1＋X"学科课程群,让"灵创课堂"在更广域的范围内,激活认知学习,丰富学习内容,为儿童更加深入地创造了有意义的学习经历。

儿童的天性是多样的,他们的创想是无穷的。我们倡导儿童的每一个经历、每一寸空间都是学习收获的课堂,学习不仅仅发生在学校教室,还应向家庭、社会延伸,回家后,家人是学习的伙伴,融入社会,身边的所见所闻都是学习的课程。灵创课堂无处不在,灵创学科灵动丰实,时刻为学生创设课程,创建课堂,以满足儿童个性发展的需求和社会多样化发展的需求,是北小课程团队的不懈追求。

(二) 创办"灵创社团",倡导团队学习

对于学生来说,社团是一个熔炉,可锻炼自己的能力;社团是一个舞台,

---

① 庄惠芬.“为学生创造有意义的学习经历”探讨——以“水循环”一课为例[J].地理教育,2013,(1):102—103.

可展现自我的风采。"灵创社团"作为课程的重要载体,社团活动对于有效提升儿童综合素质,促进儿童多元化成长具有重要的现实意义。我们创建"灵创社团",让儿童在各具特色的社团活动中,体验生活,提升素养,涵养心灵。学校围绕灵尚修身课程、灵慧言语课程、灵妙思维课程、灵科探索课程、灵动康健课程、灵艺雅美课程六大类课程,开展一系列活动,活跃学习氛围,提高儿童自主管理能力,丰富儿童的课余生活。活动中,儿童们组成团队,交流思想,切磋技艺,生发学习,互相启迪,增进友谊。我们改变传统的活动方式,将社团搬进博物馆、科技馆、地震局、银行、超市、社区等场所,为儿童提供丰富多彩的"无边界课程",引导教师建立"给成长无限可能"的课程理念,突破各种教育要素的时间、空间、成长、人际、专业领域等边界,为儿童成长创造有意义的学习经历,为儿童奠基生命成长的无限可能。

(三)创设"灵创节日",活跃节庆学习

节庆学习是围绕一个或多个经过结构化的主题节日进行学习的一种方式。在这种学习方式中,"主题节日"成为学习的核心,而围绕该主题的结构化内容成了学习的主要对象。[①]"灵创节日"即学校的节日课程,可以很好地培养学生的正气,它需要丰富的课程内涵来支撑。开展更多适合学生个性发展的节日主题活动课程,可以激发学生参与的兴趣,丰富学生的经历和情感。为浓郁校园文化,我校以"传统节日课程""现代节日课程""科技节日课程"为互动主题,努力营建既吸纳传统文化,又注重科技特色的校园文化课程。

"灵创节日"课程依据儿童的认知水平,本着贴近儿童生活实际的宗旨,设计了具有连续性的系列节庆仪式学习活动,做到"三个精心",即精心策划、精心组织、精心实施。注重每个细节,从会场布置到人员着装,从每个程序到内容都体现出庄重感。儿童在小学的学习生活中,通过"灵创节日"课程,经历各式各样的校园生活仪式,借助美的形式,集中表达特定的主题,活跃节庆

---

① 宗若灿.小学科学课学生自主学习能力的研究[J].辽宁教育,2019,(1):65—68.

学习,使内隐的教育要求外显化,在属于他们特有的时间点上,引起儿童情感的共鸣,使儿童能自信地踏出快乐成长的足迹,留下深刻的印象和许下美好的愿望,真正触动儿童的心灵,并形成持久的教育力量。

(四)创行"灵创之旅",做实行走学习

　　课程是一段美好的人生经历。教育的目的是教会学生过有意义的生活。学生只有在真正的生活中,才能感悟生活的意义,才能学会过有意义的生活。"读万卷书,行万里路。"自古以来,我国就有实践求真知的优良传统,即从学校、课堂中解放出来,到大自然、社会中,寻找知识的真谛。"灵创之旅"课程是让学生自主选定旅行主题、参与活动计划与组织管理,在自然和社会生活中亲自体验与感悟,从而丰富学习内容,提升学习效果的体验式课程。它对于儿童认知能力的提升,情感体验的丰富,价值观念的构建以及主体性的形成有着重要的教育价值。"灵创之旅"课程将学科课程内容与课外真实情境相连接,学生将所学学科知识内化于心,形成自身的认知结构,并在研学主题相关活动中进行理论与现实的对照,发现理论的不足,利用现实的感受和经验去补充并完善所学知识。此外,儿童在自然中探索,在社会中实践,在活动中学习,在运用所学知识的同时获得了知识课堂所缺失的真实情境体验,升华了所学学科的知识内容,进而达到对课堂知识的反思、巩固、运用与超越。"灵创之旅"以"学会生存,学会学习"为目标,以学习者的兴趣需要为内在动机,在学习中不受学科分类的束缚,通过调查、实践、亲身体验等过程综合地运用各学科的知识和技能开展问题解决活动,以促进儿童的学习与发展生产性学习。①

(五)创开"灵创项目",践行真实学习

　　最好的课程不是大杂烩,而是东方与西方、理想与现实、儿童与学科、自

---

① 周璇.小学4—6年级研学旅行课程开展的困境与对策研究[D].江苏:南京师范大学,2018.

我与社会平衡之后的产物。"灵创项目"则是我们基于本土实际生成的"跨界"的学习方式。它是在核心素养要求下开展的项目式学习。我们在真实的社会情境中,让儿童体验不同的社会角色,以学生感兴趣或有意义的真实问题为核心,以多学科的项目学习为主,运用跨学科、跨门类的知识技能,综合使用校内、校外的多种资源,培养儿童解决问题的能力。学校利用每周一下午 90 分钟的板块时间,进行开放性的项目学习。学习中发挥家长职业优势和专业特长,教师们挖掘、运用家长资源,邀请家长一同备课、上课,带领学生走进实地,亲身感受,让项目学习更加真实有效,为儿童以后的学习提升了高度、拓宽了视野。项目学习以"学科 + 学科"、"学科 + 生活"等方式,引导儿童从教室回归到人的完整生活,展开跨学科学习,让全校师生与家长共同经历、彼此滋养,成为更好的自己,从而实现更高质量、更美好的生活。

因此,创造有意义的学习经历就是立足于解放儿童的心灵,丰富儿童的心智。通过提供丰富多元的"经验",让孩子们积极主动地体验自主学习的乐趣和创新学习的魅力。课程的核心就是将儿童的学习过程建构成他们有意义的学习经历,将学习知识转化为儿童经历性的经验,使儿童在学习过程中理解和把握知识,从而形成自己的知识网络,更重要的是形成自己的"思想",最终从认知走向求知,从有形走向无形,从单一走向立体。从本质上看,"灵创课程"就是为儿童创造"有意义"的学习经历,其意义在于提高儿童学科素养的同时,更要关注儿童的思想和方法以及学习主体经历探求未知、实事求是、锲而不舍的做事做人的品质。"有意义的学习经历"正是儿童在真实愉快的课程中,展开思维,交流心灵,同频共振,彼此滋养。

一路走来,有汗水,有喜悦,我们走向课程深度变革之路,让儿童真正体悟了学习经历的意义所在。我们学校先后对全区、外区、外省市专家开放课堂教学,分享探索经验,儿童的学习方式逐步从"结果"走向"过程",从"技术"走向"创新",课程教学探究步入了新的里程。很荣幸,我们能为"创造有意义的学习"教育实验和推广贡献绵薄之力。

一所科技特色校的发展需要源源不断的创造力。每一位师生创造力潜能的激活可能根源于有意义的学习经历,这种经历可能让一个人在不经意间迸发出出乎意料的、富有原创性的解决方案。因为只有在各种有意义的学习经历中,一个人才可能设身处地地应用自己在课堂或生活中获得的各类知识和经验,睁大眼睛、兴致勃勃地探索这些知识和经验的可能组合,以应对最真实的学习情境和现实挑战。

为了儿童有意义地生长,北小人开启了"让儿童在创想实践中灵性生长"的创新实践,我们不仅把校园创造成为供儿童成长的科技馆,还把校园创造成为儿童向往的温馨家园。我们致力于让每一位儿童成为"恢宏大气、勇敢正气、聪颖灵气、蓬勃朝气、怡情雅气"的灵性学子。日后,我们将继续享受与儿童一起灵动创新成长的快乐,过着灵性而有意义的教育生活,以美好的方式感悟"创造有意义的学习经历"的欢乐。

胡乐红

2020 年 2 月

第 一 章

创 客 学 习

探究与创新的深度融合

创客学习在理念层面是一种基于设计的学习，在实践层面是一种跨学科的学习，在本质层面是一种基于创造的学习，其核心特征是探究、创造、创新的统一。 这种新型学习秉承培养创新意识、创新思维、创新技能的教育理念，回归教育之本，以尊重、呵护儿童身心发展，通过项目式学习的教学方式将创新理念与创客教育相融合，为儿童提供了一次有意义的学习经历。

　　小学科学教育关注的是培养儿童动手实践能力和科学探究精神,这与创客学习的目标是一致的。英国著名的哲学家、社会学家和教育家斯宾塞明确地提出:"教育要回归生活。"创客学习是一种培养儿童创新精神和能力的教育行为,旨在让儿童发现问题、提出问题、研究问题并最终解决问题,它能够培养儿童的自主探索精神、合作研究能力、语言表达能力等,是新课改实践中应运而生的一种新的学习方法。创客学习的精髓,就是帮助儿童在进行学习探索的过程中,培养儿童主动探索的精神和自主学习的能力。创客学习将改变儿童的学习和生活,减少传统教育对儿童个性发展的阻碍,是一项利用新型数字技术设计分享,并且鼓励儿童创造和创新的学习方法。[1]

　　南昌市北湖小学科学教研组,现有 2 名专职教师,7 名兼职教师,师资力量雄厚、经验丰富,全体教师具备了能吃苦、能学习、能钻研的良好素质。在教学中,他们秉承"灵创教育"的理念,以创客学习研究为主线,形成了"抓基础、重探究、扬个性、乐创造"的教研活动特色。

第一节　探究活化学科学　观察体验用科学

一、学科价值观

　　《义务教育小学科学课程标准(2017 年版)》指出:"小学科学课程对于培养儿童的科学素养、创新精神和实践能力具有重要的价值,每个儿童都要学好科学。小学科学课程要面向全体儿童,适应儿童个性发展的需要,使他们

---

[1] 杜丽芳.《以科技社团为载体为学生铺设"有为"成长之路》[Z]. http://blog. sina. com. cn/s/blog_
17f09fb320102xafx. html.

获得良好的科学教育。"

科学素养一般是指了解必要的科学技术知识及其对社会与个人的影响，掌握基本的科学方法，认识科学本质，树立科学思想，崇尚科学精神，并具备一定的应用它们处理实际问题、参与公共事务的能力。提高公民的科学素养，对于公民改善生活质量，增强参与社会和经济发展的能力，建设创新型国家，实现经济社会全面、协调、可持续发展都具有十分重要的意义。

科学素养的形成是长期的，早期的科学教育对一个人科学素养的形成具有十分重要的作用。因此，培养小学生科学素养是小学科学课程的主要任务。自2001年新一轮国家基础教育课程实施以来，从《自然》走向《科学》的小学科学课程，面向三至六年级全体学生，倡导以科学探究为核心的学习方式，通过生命世界、物质世界、地球和宇宙等领域的学习，让学生体验学习科学的乐趣，增长科学探究的能力，获取丰富的科学知识，逐步形成尊重事实、善于质疑的科学态度。十多年小学科学课程的实施，在提升三至六年级学生的科学素养方面起到了显著的作用。

但随着近十几年现代科技的迅猛发展，科学教育研究成果的大量出现，特别是考察近些年发达国家科学课程改革的推进步伐，反观我们的小学科学课程，其无论是目标的设置、课程主题的选择，还是具体的实施方面都存在着诸多不足，主要表现在以下三个方面。

一是在内容设置上，对科学实践教育的重视程度还不够。除了物质科学、生命科学、地球与宇宙三个领域外，缺少科学、技术与工程的相应主题设置。随着人类科学技术的不断进步，科学、技术、工程、数学几个领域的联系也越来越紧密，解决任何一个领域的问题都会涉及其他几个领域。

二是课程的实施安排，目前小学科学课程面向一至六年级的学生，但一、二年级阶段还没有明确的知识重点。一、二年级学生也有迫切希望通过科学课程学习探索世界的内在需求。虽然一、二年级的《品德与生活》《语文》中有渗透科学教育的内容，但渗透型的教育还无法承载学科型的科学课程之重。

三是虽然许多学校开设了拓展性的科技课，但是基本上是传统的科技小制作、小发明一类的课程,不论内容还是形式都还不够丰富,缺乏多样性。

基于上述思考,我校围绕"灵创教育"的核心办学追求,不断完善科学课程结构,丰富科学课程内容,深化科学课程教学和评价改革,希望能全面提升我校学生的科学素养。

据此我们认为,小学科学课程是一门基础性课程。科学教育对一个人科学素养的形成具有十分重要的作用。通过小学科学课程的学习,能够使儿童体验科学探究的过程,初步了解与儿童认知水平相适应的一些基本科学知识。培养提问的习惯,初步学习观察、调查、比较、分类、分析资料、得出结论等方法,能够利用科学方法和科学知识初步理解身边的自然现象和解决某些简单的实际问题。

小学科学课程是一门实践性课程。探究活动是儿童学习科学的重要方式,因此把探究活动作为儿童学习科学的重要方式,强调从儿童熟悉的日常生活出发,通过儿童亲身经历等实践活动,了解科学探究的具体方法和技能,理解基本的科学知识,发现和提出生活实际中的简单科学问题,并尝试用科学方法和科学知识予以解决,在实践中体验和积累认知世界的经验,提高科学能力,培养科学态度,学习与同伴交流、交往与合作。

小学科学课程是一门综合性课程。理解自然现象和解决实际问题需要综合运用不同领域的知识和方法。小学科学课程针对儿童身边的现象,从物质科学、生命科学、地球和宇宙科学、技术与工程四个领域,综合呈现科学知识和科学方法,强调这四个领域知识之间的相互渗透和相互联系。

二、 学科课程理念

《义务教育小学科学课程标准(2017 年版)》指出:"科学学习要以探究为中心,探究既是科学学习的目标,又是科学学习的方式。亲身经历探究为主的学习活动是学生学习科学的主要途径。"这意味着小学科学教育的教学策略将由重"知识传授"向重"学生发展"转变;由重教师"教"向重学生"研"转变;由重"结果"向重"过程"转变。科学探究的核心是强调动手做。学生学习不仅要用自己的脑子去想，而且要用眼睛去看，用耳朵去听，用嘴巴去说，用手去操作。这不仅是理解知识的需要，更是激发学生生命活力，促进学生成长的需要。因此，科学课标提出了体验性目标，强调"活动、操作、实践、考察调查"等活动，而且十分重视学生们的直接经验。教师在课堂教学中应该去鼓励学生对科学问题形成自我见解，自我理解，尊重学生的个人感受和其独到的见解。教师应当引导学生不断提出问题，把学习过程变成学生不断提出问题、解决问题的探究过程。指导学生收集和利用学习资源，帮助学生设计恰当的学习，并能针对不同的学习内容选择不同的学习方式。

因此，根据《义务教育小学科学课程标准(2017年版)》及我校"灵创教育"的教育哲学和"让儿童充满灵性地生长"的学科理念，我校形成了"实现创新理想 创造无限可能"的科学学科课程理念。

灵创科学即情景实践。科学是有情景的学科，儿童在特定的情境、任务、问题中学习科学。从儿童已有的经验出发，让他们在熟悉的生活情景和社会实践中感受科学的重要性，了解科学与日常生活的密切关系。儿童通过一系列与生活密切相关的课程学习，在完成现实世界任务的过程中获得知识和技能，获得动手实践能力，习得明辨性思维，让他们经历积极的、灵性的、动感的、创新的体验。进而逐步学会分析和解决与科学有关的一些简单的实际问题，培养儿童的想象力，激发儿童的创造性，迎合儿童在兴趣、思维等方面的需要，最大限度地实现课程的育人价值。

灵创科学即创想实践。陶行知提出创造教育的概念，强调把行知、手脑统辖起来，培养儿童建立"独出心裁"的意识和思维。实验是科学的最高"法庭"，通过真实体验、调查分析和参观学习，让儿童关注科学知识在生产生活中的实际运用，能够初步知晓原理，并在实验室还原模拟一些实验操作或者创新实验，从科学的角度初步认识物质世界，提高儿童运用科学知识、科学方法分析和解决简单问题的能力。我们认为行思灵动的学习就是儿童思考、探究、创造的过程，就是让儿童在灵动开放的学习情境中去体验、感受、思考，甚至改变事物之间、人物之间、人与物之间的关联性，使他们与未来将要进入的世界保持最大的一致性。灵创教育以改变学习方式为突破口,重视研究性学习,倡导自主探究、实践体验、合作交流的学习方式,鼓励儿童主动探究,敢于质疑,敢于实践,培养乐于动手、勤于实践的意识和习惯,从而培养儿童的实践能力和创新精神。

灵创科学即探究实践。科学探究活动一般应掌握由简单到复杂、由教师扶着走到逐步放开、由模仿到半独立再到独立的过程逐步进行。儿童从生疏到熟悉需要一个过程,不能要求一步到位。在教学实施中,科学探究活动可以是全过程的,也可以是部分地进行,可以侧重于提出问题,进行猜想、假设和预测的训练,也可以侧重于制定计划和搜集信息的训练。不必拘泥于每次活动必须从头到尾、按部就班地完成一个科学探究的全过程,可根据教学内容灵活安排。灵创课程通过科学课程为儿童的成长提供了一片自由驰骋的天地,儿童的学习不再局限于书本知识的学习,而是走向生活的广阔天地,亲身参与、主动实践、勤于思考,这门课程将带给儿童无尽的生活滋养,让他们在其中尽情地探索、勇敢地尝试、愉快地交流、敏锐地思考、快乐地成长。①

我们以"灵创教育"为理念,以"灵创"作为课程建设的实践主线,在课程建设中实现"在探究中活化科学,在创造中看见科学"。我们将不断积淀北小的课程底蕴,使这种底蕴渗透在课程建设的方方面面,让我们在迷茫、彷徨之时,有可以信赖的方向,有可以汲取的力量。

第二节　深化研究为核心　发展创新促成长

《义务教育小学科学课程标准(2017 年版)》摆脱了以传统三维目标为总目标领域进行目标分解的理念,强调从"科学知识""科学探究""科学态度""科学、技术、社会与环境"四个方面阐述具体目标,即四个方面的总目标,再

---

① 三个案例告诉你什么是 PBL 项目式学习[Z]. 摘自未来课程智库. https://www.jianshu.com/p/50d3582c13a8.

按照不同的领域、要素、维度和关系对这四个方面进行学段目标的详细划分。其中，科学知识的学段目标将根据物质科学、生命科学、地球与宇宙科学、技术与工程这四大领域的知识内容在学习与生活中的不同作用与功能进行合理安排。一个具备科学素养的公民不仅应该掌握足够的科学知识、科学方法，更需要有科学的思维和科学的精神。因此，在科学素养、技术素养与人文素养并称为现代公民三大基本素养的时代背景之下，小学科学课程以培养学生的科学素养为总目标，秉承了为学生继续学习，成为合格公民做铺垫的基本课程理念。

　　基于对科学学科性质的认识，围绕"灵创教育"的整体思路，我校结合实际情况制定了以下目标。

一、学科课程总体目标

　　小学科学课程的总体目标是培养儿童的科学素养，并为他们继续学习、成为合格公民和终身发展奠定良好的基础。儿童通过科学课程的学习，保持和发展对自然的好奇心和探究热情；了解与认知水平相适应的科学知识；体验科学探究的基本过程，培养良好的学习习惯，发展科学探究能力；发展学习能力、思维能力、实践能力和创新能力，以及用科学语言与他人交流和沟通的能力；形成尊重事实、乐于探究、与他人合作的科学态度；了解科学、技术、社会和环境的关系，具有创新意识、保护环境的意识和社会责任感。

二、学科课程具体目标

　　学校从科学兴趣、科学知识、科学方法、科学态度四个维度，构建了基于科学核心素养的小学科学课程体系。基于以上目标，依托"灵课探索"科学学科理念，确立了我校自下而上、持续渐进的科学体系目标，来逐步实现对科学能力培养的总目标，真正实现以探究为核心，以创新促成长。我校一至六年级具体分类目标见表 1－1：

表 1-1　科学学科课程 1—6 年级具体目标

	科学知识	科学探究	科学态度	科学、技术、社会与环境	拓展课程
一年级上	1. 使儿童了解生命世界、地球与宇宙世界的一些基础知识。 2. 能运用知识进行简单的科学探究活动。	1. 知道科技探究涉及的主要活动,理解科学探究的基本特征。 2. 能进行观察、实验、制作等探究活动。对动植物、环境等科学内容进行探究。	保持与发展好奇,爱提问、大胆想象、乐于探究的愿望。关心新事物与生活的联系。正确理解科学,形成科学的思维方式;互助与合作的学习方式;学习中尊重事实、注重环境保护,与自然和谐相处。	在活动过程中体验科学探究的乐趣,保持和发展探究周围事物的兴趣和好奇心。	通过活动,促进儿童培养科学兴趣,提高科学探究能力,增强创新意识和实践能力,体验探究科学的乐趣。
一年级下	1. 引导儿童知道身边常见植物的名称,了解它们的简单分类以及用途。 2. 让儿童在观察中感知不同植物叶子的大小、形状及颜色的不同。	1. 能通过对身边自然事物的观察,发现和提出问题。 2. 能运用已有知识作出对问题的假想答案。 3. 能根据假想答案,制定简单的科学探究活动计划。	1. 激发儿童对科学知识的学习和探究欲望。 2. 珍爱并善待周围环境中的自然事物,初步形成人与自然和谐相处的意识。 3. 知道科学已经能解释世界上的许多奥秘,但还	在科学学习中能注重事实,克服困难,善始善终,尊重他人意见,敢于提出不同见解,乐于合作与交流。	通过活动,让儿童知道日常生活中家庭节电、家庭节水、汽车节油等都属于节能减排,了解家庭常用电器的节电知识,引导居民养成节约用电的好习惯。自觉主动地去美化

续　表

	科学知识	科学探究	科学态度	科学、技术、社会与环境	拓展课程
			有许多领域等待我们去探索，不迷信权威。		周围的自然环境。
二年级上	了解太阳的基本知识，知道太阳东升西落的位置变化，利用太阳判断方向，知道月相的变化，知道阴晴雨雪风等气候变化，描述天气变化对动植物和人类生活的影响。	1. 能利用多种感官或者简单的工具观察对象的外部形态特征。 2. 能用语言、图画等方式初步描述现象。能简要讲述探究过程与结论，并与同学讨论交流。	1. 能在好奇心的驱使下对常见的动植物、物质的特征以及生活中的科学现象、自然现象表现出探究兴趣。 2. 愿意倾听、分享他人的信息，乐于表达总结的观点，能按要求进行合作探究学习。	1. 了解人类的生活和生产需要从自然界获取资源，同时会产生垃圾，有些垃圾可以回收利用。 2. 珍爱生命，保护身边的动植物，意识到保护环境的重要性。	弘扬中华民族的传统美德，培养儿童爱惜粮食，节约粮食的好品质。
二年级下	1. 推力和拉力是常见的力。 2. 磁铁能吸引铁一类的物体。 3. 磁铁可以隔着一段距离、一些物体对铁一类的物体产生吸引作用。	1. 能用语言、示意图初步描述观察到的磁铁实验现象，并由此开展初步的科学论证活动。 2. 能在讨论和交流中，	1. 能对磁铁及磁现象表现出探究兴趣。 2. 能采用合适的方式表达有关磁铁的信息。 3. 能围绕磁铁的相关研究说出自己的猜测，并尝	了解常见的利用磁铁及其性质的产品，体会它们给人类生活带来的便利。	初步了解造纸的过程，意识到保护森林资源、节约用纸的重要性，从而对儿童进行节纸教育，培养儿童节约用纸的习惯，掌

续　表

	科学知识	科学探究	科学态度	科学、技术、社会与环境	拓展课程
	4. 磁铁不同部分的磁力强弱不同,磁力最强的部分叫磁极,磁铁有两个磁极。	表达、倾听、评价对磁铁性质的想法。	试用多种实验方法来验证自己的想法。		握节约用纸的方法。
三年级上	1. 获取大树、叶子的一些知识。 2. 构建起有关动物、植物、生物的初步认识。 3. 了解水的基本性质,懂得水的基本含义。	1. 加强对儿童观察能力的培养,指导正确地开展科学观察。 2. 对儿童进行科学探究能力的培养。	知道与周围常见事物有关的浅显科学知识,并能在日常生活加以利用,逐渐养成科学的行为习惯和生活习惯。	亲近自然、欣赏自然、珍爱生命,积极参加资源与环境保护,关心科技发展。	通过活动,提高儿童对环境保护重要性的认识,知道海洋对于地球生命的重要性,知道该如何去保护海洋,保护我们的地球。
三年级下	1. 植物生长具有一定生命周期。 2. 人和动物都是不断生长变化的。 3. 知道什么是温度,温度是可以测量的。	1. 种植植物饲养动物,对动植物进行观察和测量,根据观察的现象提出问题,通过观察到的现象进行预测。	1. 认识到较长时间坚持不懈进行观察记录的重要性。 2. 认真细致地进行观测,并做好记录。认识到观测数据对科学研究的意义和价值;	1. 培养乐于表达和交流的态度,体验认真实验、收集证据、根据证据寻求结论的科学过程和尊重证据的科学态度。	通过活动,提高每个儿童的科学素养能力,使孩子爱科学、学科学、用科学。知道我们日常生活中的科技产品是如何生产出来的。

续 表

	科学知识	科学探究	科学态度	科学、技术、社会与环境	拓展课程
	4. 认识磁铁的性质。	2. 观察温度计的结构，会使用温度计，观察水的三态及其温度的变化。	初步认同物质是不断变化的观念，初步建立物质循环的认识。	2. 在了解我国古代指南针的发明和应用中，增强热爱祖国的感情。	
四年级上	1. 了解生命体的共同特征,建立生物的基本概念。 2. 围绕"溶解"的主题,运用对比思想研究观察物质之间的相互混合、溶解的现象,进行溶解的观察实验。 3. 认识天气的基本要素,引导儿童用各种方法开展对天气现象的研究活动。	1. 学会从生活中寻找研究的问题,懂得用不同的探究方法解决不同的问题。 2. 组织儿童在课堂上和课外经历一些有意义的科学探究活动过程。 3. 学习用比较的方法进行科学探究;进行有系统的科学观察训练。	1. 鼓励儿童好奇、爱问、爱想象。 2. 让每一个儿童在科学学习的过程中,都能体现自我的价值,体会成功的喜悦,建立学习的信心,激发学习科学的兴趣。 3. 学习倾听别人的见解,尊重他人;能运用各种方法记录自己的观察现象。	珍爱生命,保护身边的动植物,意识到保护环境的重要性。	考察儿童的发散思维能力、应变能力、知识遴选能力、时间掌控能力以及团队合作能力。通过头脑奥林匹克比赛充分体现动手与动脑相结合、科技与艺术相结合、自然科学与社会科学相结合的活动特点。

续　表

	科学知识	科学探究	科学态度	科学、技术、社会与环境	拓展课程
四年级下	1. 通过与点相关内容的实验、活动等,使儿童形成关于点的初步概念。 2. 通过对植物和动物繁殖新生命的认识形成关于生命的一系列发展性概念。 3. 引发儿童对饮食的关注,发现自己的不良饮食习惯,并在以后的生活中科学、合理地均衡饮食。	1. 让儿童亲身经历科学探究的全过程,从中获得科学知识,增长才干,体会科学探究的乐趣,理解科学的真谛。 2. 指导、引导儿童学习运用假设、分析事物之间的因果关系,特别是控制变量、采集数据等方法,并对实验结果做出自己的解释。	培养儿童科学的思维方法,努力发展儿童解决问题的能力,使得儿童在日常生活中亲近科学,运用科学,用科学知识帮助自己解决日常生活中的问题,逐渐养成科学的行为习惯和生活习惯。	1. 保持和发展对周围世界的好奇心与求知欲,形成大胆细心、注重证据、敢于质疑的科学态度和爱科学、爱家乡、爱祖国的情感。 2. 亲近自然,欣赏自然,珍爱生命,积极参与资源和环境的保护,关心现代科技的发展。	了解无线电,学习无线电知识及原理,知道并会利用无线电测向。同时通过无线电测向运动丰富孩子的科学知识和促进身体发展。
五年级上	1. 通过研究生物特征及其行为,体验在实验过程中详细记录、	1. 知道科学探究设计的主要活动,理解科学探究的基本特征。	保持与发展好奇,爱提问、大胆想象、乐于探究的愿望。关心科学及新事物。正确地理	使得儿童了解生命世界、地球与宇宙世界、人与自然共处的一些基础知识。	培养儿童的科学兴趣,吸引儿童积极参与科学调查、科学体验活动。

续　表

	科学知识	科学探究	科学态度	科学、技术、社会与环境	拓展课程
	收集数据的必要性。 2. 围绕太阳与地球、太阳与人的关系开展研究。 3. 让儿童根据解决问题的具体要求来选择合适的材料。 4. 让儿童关注健康，学习有关身心健康的科学知识。	2. 能进行观察、实验、制作等探究活动。 3. 对生物、地球运动等科学内容进行探究。	解科学，形成科学的思维方式。	提高儿童的科学探究能力，增强创新意识和实践能力，同时培养儿童的团体意识和协作精神，增强儿童的社会责任感，提高儿童的科学素养。	
五年级下	1. 探寻物体沉浮的规律，研究影响沉浮的变量，形成有关沉浮现象的解释。 2. 了解人类计时仪器的发展史及对"时间"的认识发展过程。认识计时	1. 能通过对身边事物的观察，发现和提出问题。 2. 能运用已有知识做出自己对问题的假设。 3. 能根据假设，制定简单的科学探究活动计划。	1. 保持与发展想要了解世界的愿望，喜欢尝试新的经验，乐于探究与发现周围事物的奥秘。 2. 知道科学已经能解释世界上的许多奥秘，但还有许多领域等待我们去探索。	1. 珍爱并善待周围环境中的自然事物，初步形成与自然和谐相处的意识。 2. 意识到科学知识对人类社会的发展既有促进作用，也有消极影响。	指导儿童搭建车辆模型，在培养孩子动手能力的同时培养孩子竞争意识。

续　表

	科学知识	科学探究	科学态度	科学、技术、社会与环境	拓展课程
	工具的工作原理。 3. 观察热量在物体中传递的现象,探索热量传递的规律。	4. 能通过观察、实验、制作等活动进行探究。	3. 提高借助科学知识提供生活质量的意识,愿意参与和科学有关的社会问题的讨论与活动。		
六年级上	1. 掌握常用机械和工具的特征,并能设计、制作机械和工具。 2. 观察和研究常见的形状和结构,设计和制造自己的"桥梁"。 3. 研究热和燃烧的关系及其原因。 4. 了解能量以及能量的变化,并能在实验操作中亲自去感受。	1. 培养儿童科学的思维方法,努力发展儿童解决问题的能力,逐渐养成科学的行为习惯和生活习惯。 2. 让儿童亲身经历科学探究的全过程,从中获得科学知识,增长才干,体会科学探究的乐趣。	1. 保持和发展儿童对周围世界的好奇心与求知欲,形成大胆细心、注重数据、敢于质疑的科学态度和爱科学、爱家乡、爱祖国的情感。 2. 培养儿童合作和交流的意识,敢于争辩的胆识,同时学会尊重他人意见,合理表达自己的见解。	培养儿童亲近自然、欣赏自然、珍爱生命的意识,积极参与资源和环境的保护,关心现代科技的发展,使儿童形成人与自然和谐相处的意识。	通过学习让儿童明白建筑之美,了解建筑是一门富有艺术的科学,好的建筑不仅仅具有科学技术,同时还具有美学艺术。

续　表

	科学知识	科学探究	科学态度	科学、技术、社会与环境	拓展课程
六年级下	1. 学习生命世界、物质世界、地球与宇宙三大领域中相关的知识与研究方法。 2. 通过对物质世界有关知识的学习，了解物质的常见性质、用途和变化。 3. 通过对生命科学有关知识的学习，了解生命世界的轮廓，形成一些对生命活动和生命现象的基本认识。	1. 知道科学探究涉及的主要活动，理解科学探究的基本特征。 2. 会查阅、整理从书刊及其他途径获得的科学资料。 3. 能用自己擅长的方式表达探究结果，进行交流，并参与评价，知道对别人研究的结论提出质疑也是科学探究的一部分。	在科学学习中能注重事实，克服困难，善始善终，尊重他人意见，敢于提出不同意见，乐于合作交流。	了解科学技术可以减少对自然灾害对人类生活的影响；了解在科学研究与技术应用中必须考虑伦理和道德的价值取向。	培养儿童的科学探究意识、严密的逻辑推理能力、精确的计算能力；潜移默化地让儿童体会到生活中所特有的形式美、结构美和方法美，激发儿童学习科学的兴趣，形成稳定的探究习惯。

第三节　整合激活见精髓　灵动运用展创造

科学教育是一种灵动的创造。灵创科学课程注重知识性、实践性、科学性、趣味性、儿童性,将日常生活中的常识与科学知识结合起来,给予每个年级不同的探究主题,探索科学知识,发挥学科特长,把科学知识整合到生活实践中,形成综合性的主题实践活动。

一、 学科课程结构

我校科学学科课程依据《义务教育小学科学课程标准(2017 年版)》,根据课程任务分为基础性课程和拓展性课程。基础性课程以国家教材为主,主要培养儿童终身发展和适应未来社会所需的共同基础,拓展性课程则主要满足儿童的个性和学习需要,开发和培育儿童的潜能和特长,培养儿童的自我认知和自我选择能力,分为灵创项目、灵创节日、灵创之旅、灵创社团四个部分,具体表述如下。

(一)灵创项目

"灵创项目"是在核心素养要求下开展的项目学习,是一种综合性的学习方式。在真实的社会情境中,让儿童体验不同的社会角色,以儿童感兴趣或有意义的真实问题为核心,以多学科的项目学习为主,运用跨学科、跨门类的知识技能,综合使用校内、校外的多种资源,培养儿童解决问题的能力。

(二)灵创节日

"灵创节日"即学校的节日课程,可以很好地培养儿童的正气,它需要丰富的课程内涵来支撑。开展更多适合儿童个性发展的节日主题活动课程,可以激发儿童参与的兴趣,丰富儿童的经历和情感。

(三)灵创之旅

"读万卷书,行万里路。"自古以来,我国就有实践求真知的优良传统,即从学校、课堂中解放出来,到大自然、社会中,寻找知识的真谛。"灵创之旅"

课程是通过让儿童自主选定旅行主题、参与活动计划与组织管理，在自然和社会生活中亲自体验与感悟，从而丰富学习内容，提升学习效果的体验式课程。它对于儿童认知能力的提升、情感体验的丰富、价值观念的构建以及主体性的形成有着重要的教育价值。

（四）灵创社团

　　作为课程的重要载体，社团活动对于有效提升儿童综合素质，促进儿童多元化成长具有重要的现实意义。我们创建"灵创社团"，让儿童们在各具特色的社团活动中，体验生活，提升素养，涵养心灵。

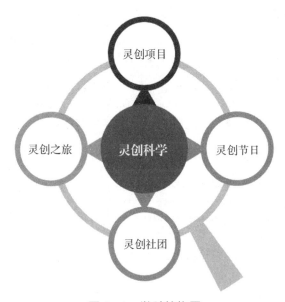

图1-1　学科结构图

二、学科课程设置

　　《义务教育小学科学课程标准(2017年版)》指出，"科学技术推动了生产力的发展、经济的繁荣和社会的进步，促进了人们生产方式、生活方式和思维方式的变革。科学技术的快速发展对每一位公民的科学素养提出了新的要求"。因此,除国家基础教材外,我校积极开发拓展性课程,对儿童进行创客式学习。课程拓展设置如下(表1-2):

表1-2　南昌市北湖小学"灵创科学"拓展课程设置表

		拓 展 课 程			
		灵创项目	灵创节日	灵创之旅	灵创社团
一年级	上学期	节能在我身边	世界地球日	探访太阳能发电站	科学小制作
	下学期	我爱绿色出行	知识产权日	参观"知识产权"中心	科学小发明
二年级	上学期	节粮从我做起	世界粮食日	我做一天小农民	植物的秘密
	下学期	节纸在我身边	世界环境日	植物园GOGO	废纸的利用
三年级	上学期	节水在我身边	世界海洋日	海洋馆探秘	船舶模型
	下学期	科学饮食健康	国际天文日	奇妙的博物馆	科学的神奇
四年级	上学期	初识电子电路	世界气象日	走进"气象中心"	DI创意思维
	下学期	我的低碳生活	校园环保节	垃圾分类我最棒	无线电测向
五年级	上学期	走进创客 体验创新	鲁班纪念日	识桥之旅	车辆模型制作
	下学期	SCRATCH编程	中国航空日	航空公园行	航空模型探秘
六年级	上学期	变废为宝 从我做起	世界建筑节	南昌大桥知多少	小小建筑家
	下学期	认识微小世界	世界残疾人日	神奇的医院	OM头脑奥林匹克

第四节　创新实施巧安排　创客探究择最优

科学知识作为人类认识物质及其变化规律的智慧结晶，它所承载的意义绝不仅限于字面所表达的含义，更在于从知识过程中发现人的智慧和情感的付出，这正是科学知识丰富多彩的内涵所在。而"灵课探索"课程就是围绕这点出发。每一个知识都是事实、观点、思想、方法、态度的融合，都具有多彩而深刻的内涵和分析，带领孩子挖掘科学知识形成的背景、知识形成的过程、知识的实际应用、知识之间联系的过程，引导儿童思维和认识不断深入发展。

《义务教育小学科学课程标准（2017 年版）》指出，学生在科学课程学习中需要完成的主要任务是了解科学、技术、社会和环境的关系。与此同时，也需加强对小学生的创新意识、环境保护意识以及社会责任感的培养。科学知识总目标第四项明确提出："了解技术是人类能力的延伸，技术是改变世界的力量，技术推动人类社会的发展和文明的不断进程。"在小学科学课程中新增的技术与工程领域内容，该项课程目标的增加，不仅指出技术和工程领域是小学生在科学知识的学习中不可缺失的重要组成部分，凸显了小学科学领域对技术和工程领域的重视程度，同时也遵循了标准中"反映国际科学教育的最新成果"的课程设计思路。

为此，"灵科探索"课程提出回归现场、学有价值的科学，课程将从建构灵创项目、建设科学社团、举办科学节日、开展研学之旅等方面进行实施。

一、建构"灵创项目"　优化学习方式

当前，美国中小学中项目式学习及创客学习、STEAM（科学、技术、工程、艺术及数学）教育迅速发展，走在跨学科式应用型教学的前沿。在项目式学习过程中，学生会积极地收集信息、获取知识、探讨方案，以此来解决具有现实意义的问题。具有现实意义的问题并不一定是现实世界真实存在的问题，而是通过解决这个问题习得可用于现实生活中的技能，例如批判性思

维、团队合作能力、决策能力等。因此,在项目式学习过程中,不仅要求学生能够了解所学的学科知识,还要懂得如何在现实生活中将这些知识学以致用。

因此,我们借助儿童们在生活中的发现,提出探究化的多元项目,通过情境式引导,让儿童像科学家那样学习和研究有用、真实的科学;让儿童学习身边、生活中的科学;让儿童学习简单、基础的科学;让儿童学习有情景、有逻辑、有思维的科学。同时通过情境创设,为儿童设计发展的台阶,引导儿童积极主动地学习;通过教师、儿童学习共同体的建设,发展儿童的思维,提升学习能力,并为"灵创项目"课堂设计提出如下模型(图 1-2)。

图 1-2　灵创项目课堂设计模型

(一)"灵创项目"的建构

早在一百多年前,英国哲学家怀特海睿智地指出:"教育只有一门学科,那就是完整表现的生活。"这个提法成为当今课程改革的新趋势。走向以校为本的课程融合,以项目式学习为主要形式,为学校教育与学生生活架起一道桥梁,是创造性实施国家和地方课程的关键。项目式学习从学科课程出发,融合各学科课程,充分发挥各学科的育人功能,但它又不拘泥于学科,而是链接完整的生活,从学生的生活情境中发现问题,将其转化为活动主题,引导学生综合运用跨学科知识，解决实际问题。项目式学习好比是一条链子，将学科内容、课内外活动等内容串连在一起，实现课程整体开发，成为撬动学校课程变革的"支点"。

开展项目式学习要基于学科，挖掘不同学科思维方式之间的共同要素，建立学科之间的有机联系，撷取与学生的真实生活相联系的活动主题，让不同专业背景的教师组成课程开发共同体，不同学科教师围绕同一个主题，运用不同学科视角探究同一个主题下的各个小课题，使学科综合的项目式学习能从学生的真实生活和问题需要出发，通过沟通、合作、创新，培养学生的综合素养。

案例 1-1

根据学校项目式学习总体设计框架，一年级学生围绕"蔬菜"开展项目式学习，在活动的初始阶段，学生提出许多问题，如蔬菜怎样呼吸，每种蔬菜都有名字吗，它们分别有什么特点……在一系列问题的驱动下，一年级确立了项目式学习主题——"我与蔬菜交朋友"。围绕主题与学科内容，又分解为若干个小课题，由不同学科教师负责活动的开展：探究蔬菜的光合作用（科学教师）；"蔬菜特点我来说"（语文教师）；制作蔬菜名片（美术教师、信息技术教师）；为校园蔬菜挂牌（综合实践活动专职教师）；叶脉书签的制作（综合实践活动专职教师）；蔬菜服装创意会（音乐教师）等。以"探究蔬菜"为主题的项目式学习打破了学科壁垒，整合了语文、科学、美术、音乐、信息技术等学科教育资源，强化学科间的融合与分享，形成一个完整、立体、多元的新的课程形式，对发展学生核心素养具有重要意义。同时，创新课程建设方式对教师是个全新的挑战，教师已不仅仅是一个被动的实践者，还要成为课程的设计者和研发者，在实施项目式学习的过程中提升综合素养。

案例 1-2

　　陶行知先生说："社会即学校，要把笼中的小鸟放到天空中去，使他能任意翱翔，并要把学校的一切伸张到大自然里去。"因此，教育要冲破学校的围墙，让社会成为教育的土壤，充分利用社会的各种有利因素，培养学生的实践能力、团队精神、创新意识等，以适应社会发展的需求。因此，开展项目式学习可充分利用校外有利资源开展实践活动，将学校、家庭、社会融为一体，这样学生的体验才深刻，活动的效果才更显著。我校四年级以"桥梁认知载快乐"为主题开展项目式学习，这个主题分解的小课题很丰富，有桥梁的起源，哪儿有桥，桥的结构等。为了让项目式学习达到预期目标，学校与建筑设计院取得联系，在志愿者的精心指导下，学生亲历实践，动手操作，学会了如何搭建合格的桥梁。此外，我们还将活动延伸到心灵之桥，带领孩子们走访福利院、培智学校，让儿童与残疾少年手拉手，不仅锻炼了能力，也培养了良好的道德情操，实现了立德树人的教育目的。

　　项目学习将校内外的资源有效融合，学校有形的围墙被拆除了，学校、家庭、社会因为项目而成为了一个有机整体。资源开放了，课程也活了起来。

（二）"灵创项目"的评价

　　以课程标准为核心的项目学习有一套系统的教学方法，它既是对复杂、真实问题的探究过程，也是精心设计项目作品、规划和实施项目任务的过程。在这个过程中，教学形式以学生为中心，学生的角色由被动的接受者变成主动的知识建构者，并将最终被培养成为具有处理信息能力的终身学习者。要实现这一培养目标，必然要对学生成长的各个阶段，每个阶段的不同时期及其活动制定切实可行的评价标准，用以判断学生是否达到符合最终目标价值判断的子目标，而传统的教学评价对此已无法胜任。与传统的教学评价相

比,项目式学习评价具有以下四方面的特点:

1. 基于项目学习的评价,是基于学生表现和过程的评价方法,用于评价学生应用知识解决真实问题的能力。其关注的重点不再是学到了什么知识,而是在学习过程中获得了什么技能,这种评价方式通常是过程性的、建议性的。

2. 项目学习评价注重学生的个别化学习,强调评价学生如何学、学到了什么知识、培养了何种能力等,教师则起到引导的作用。为此,其评价的标准往往由教师和学生根据出现的实际问题及学生先前的知识、兴趣与经验共同制定并在问题解决的过程中不断调整完善。

3. 项目学习评价重视学生对自我的评价。发展学生的自我评价能力将是他们未来必备的一个技能。培养学生的自我评价能力是评价工作的一个重要任务。

4. 项目学习评价把培养学生的自我评价能力作为教学的目标之一,评价具有方向性和激励性。因此,评价是在真实的学习任务中进行的,是整个学习过程不可或缺的重要组成部分。

根据以上评价理念,我们拓展了评价途径,多一把尺子衡量儿童,采用质性评价和量性评价相结合的多重评价方式,增强儿童的自信和自由,让儿童发现自己的进步。承认儿童在学习方式、学习习惯存在水平差异,创设新颖的符合儿童实际认知特点的学习情境,尝试灵活多样的学习方式。重点放在儿童自主学习方法和习惯的培养上,通过特色课堂形成独特品牌(具体评价实施见表 1-3)。

表 1-3　灵创项目实施评价表

	优	良	合格	不合格
	完全达到	基本达到	部分达到	少量达到或未达到
项目真实情景 20 分	1. 情景真实、可信,符合儿童认知水平 2. 场景合理,贴合课堂需求			
	20—18 分	17—15 分	14—12 分	12 分以下

续　表

	优	良	合格	不合格
	完全达到	基本达到	部分达到	少量达到或未达到
项目内容立体 20分	1. 注重课程资源的整合与开发 2. 多媒体技术运用有效、恰当			
	20—18 分	17—15 分	14—12 分	12 分以下
项目实施灵动 20分	1. 注重情景创设，关注课堂生成 2. 善于激励调控，注重接受与探究方式结合			
	20—18 分	17—15 分	14—12 分	12 分以下
项目方式缤纷 20分	1. 教学方法多样，提高课堂效率 2. 多种评价方式，促进儿童发展			
	20—18 分	17—15 分	14—12 分	12 分以下
儿童课堂反映 20分	1. 学习情绪饱满，学习投入 2. 善于观察、思考，与同伴合作 3. 乐于表达个人见解，敢于质疑，勇于探究难题			
	20—18 分	17—15 分	14—12 分	12 分以下

二、 建设科学社团，提升儿童素养

随着时代的变迁，学生需求日益多元化，社团活动已成为学校培育学生核心素养的重要方式，在提升学生核心素养、培养学生活动能力等方面更是发挥着举足轻重的作用，这使得社团活动的开发更具重要的价值。建立社团可以促进学生特长的发展，是学生自我实现的需要，还能丰富校园文化生活：社团让人与人之间有更多的交流，增加了感情；此外社团内部平等、自由的良好氛围也有利于学生之间的相互协作、互相学习、共同进步，有利于克服部分独生子女以自我为中心的心理，在一定程度上纠正他们孤僻、任性、怯懦等不良个性；培养学生的团队协作能力、组织能力、社会交往能力、应变能力等。社团活动往往会将理论与实践相结合，能锻炼儿童的实践能力，增强他们的社会责任感和历史使命感,使社团成员在社会实践活动中得以重新认识和定位自己,提高社会生存能力。尤其在学校教育日益重视培育学生核心素养的今天更具有重要的意义,关系到学生综合素质的提升,也成为学生从学校走向社会的一个新台阶,是学校发展的一个新的增长点。

我校科技教育在课程建设中发挥着不可替代的作用。它不但能够培养学生的创造力和想象力,还能使学生更好地认识及感受科技之美。

（一）构筑科技社团教育理念,满足学生个体成长需要

科技社团教育是学校实施素质教育的重要途径和有效方式,在提升学生核心素养、培养学生活动能力等方面发挥着重要作用——每个社团通过其价值追求,引领社团向健康发展的理念和目标前进。因此,学校科技社团围绕满足学生个体成长需要这一宗旨,从基于"让每个孩子灵性生长"的理念着眼。

（二）合理规划科技社团的活动主题,提升学生科学素养

教育的价值在于滋养人的生命,科技社团的活动意义亦是如此,能够润泽每个参与者的生命。但当下很多学校的社团活动都走入过于关注知识和技能教育的误区:要么指导学习技巧,要么训练动作技能。核心素养注重的不是进行知识和技能的传授,而在于培养学生掌握知识的方法和运用知识的能力。学校一切教育活动都是为了让学生更好地成长,科技社团活动也为他们提供了一条适合自己成长的道路,使学生在社团活动中,从单一的课本知识转向综合素质的提升,从课堂学习转向课外学习。从某种意义上说,润泽学生生命的科技社团活动才是适合个体成长教育的方式。因此,学校科技社团围绕润泽学生个体生命这一目标,从开发学生潜能、为了学生的发展出发开展创新活动,在学生的核心素养培育过程中意义重大。

（三）增强科技社团活动体验,促进学生快乐成长

科技社团活动通过有意识地引发学生的想象力来培养学生的创新力,而

　　且通过不断增强科技社团活动的建设和完善,来提高学生的学习积极性,力求活动的成效,使科技教育融入学校核心素养培育的全过程,真正把社团办成学生喜爱的家园、乐园和学园,从而达到以科技教育促进学生身心健康发展的目的,这也将有助于我们教学质量的提升。此外,"授人以鱼,不如授人以渔",也是核心素养强调的重点,通过学生社团活动能够提高学生多方面的能力。社团活动中儿童自我管理,根据社团特点与指导老师一同制定详实的活动开展计划,充分锻炼了学生的组织能力;各类社团开展主题活动,培养了学生的合作意识和思维、创新能力;社团活动为学生提供了交往、合作、组织、管理的舞台,是培养和锻炼学生实践能力和适应社会能力的重要途径。

　　在科技社团活动中,我们时刻注意发现和培养学生的个性、爱好和特长,多方位调动学生的积极性,让学生的创造性得到充分的发挥,把灵创教育的基本思想始终贯穿于探究、创新的实施过程中,利用丰富多彩的社团活动为学生搭建展示自我的平台,如参加全国、省市区各级比赛,校内一年一度的科技节,社区共建活动等,都给孩子们提供了展示自己的广阔舞台。在活动中,他们张扬着自己的个性;在舞台上,他们展示着自己的风采,收获着成功的喜悦。社团爱学乐学的活动提高了儿童的积极性,使他们增长了知识,开阔了眼界,活跃了思想,张扬了个性,陶冶了情操,同时开阔和拓宽了社员们的视野,发展了儿童们的特长,达到了"我学习,我快乐,我成长"的目的。科技社团具体内容包括(表 1-4):

表 1-4　灵创社团课程设置表

	灵创探索课程设置
一年级	科学小制作、科学小发明
二年级	植物的秘密、废纸的利用
三年级	船舶模型、科学的神奇
四年级	DI 创意思维、无线电测向
五年级	车辆模型、航空模型
六年级	建筑模型、OM 头脑奥林匹克

　　学生社团是学生自我组织、自我评价、自我学习、自我教育的一种形式。社团的原则、制度规章和活动内容都是民主、平等、生动活泼的。每一个成员都是组织的主人,都有权利参与评价组织活动,有义务为组织的生存发展做贡献。这样的机制有利于培养社团成员的主体意识,调动社团成员评价的积极性,提高评价能力。科学课堂的教学目的为了培养学生的核心素养,那么教学评价的方式就必须发生转变,过去的分值化教学评价已经不再能满足于学生核心素养培养的需要。教师要多角度地看待学生,将过程性评价与结果性评价相结合,从核心素养的角度综合审视每一位学生,评价每一位学生,进而有针对性地调整教学策略,提高学生的学习积极性。除此之外,教师也可以让学生参与到评价中来,开展互评活动甚至是自我评定活动,以引导学生认识自己的不足,取长补短,不断丰富与提升自己。

　　我校的"灵创社团"课程,从社团机构与管理、活动组织与开展这两个方面进行评价,采用每周活动开展情况评价与学期末综合评价相结合的方式,具体评价标准如下(表1-5):

表1-5　"灵创社团"评价实施细目量表

项目	评价标准	得分	评估方法
社团机构与管理	1. 社团管理体制完善,机构设置合理,制定符合儿童实际的社团建设实施方案。(10分)		1. 实地查看 2. 材料核实 3. 师生座谈 4. 成果展示 5. 活动巡查
	2. 建立、健全并严格执行社团各项规章制度。(10分)		
	3. 社团会员人数适合,规模适度,成员资料档案齐全。(10分)		
	4. 指导教师认真负责。(10分)		
	5. 儿童社团要突出儿童的主体性和创造性,使儿童在社团活动中自治自理、健康发展。(10分)		

项目	评价标准	得分	评估方法
	6. 社团活动空间固定,环境良好有相应的文化建设。(10分)		
活动组织和开展	7. 经常和定期开展社团活动,组织有序、记录完善。(10分)		
	8. 社团活动内容丰富,形式多样,体现实践性和综合性,有利于培养和锻炼儿童多方面的素质,再现和表现校园文化精神。(10分)		
	9. 社团成员或集体活动成果显著。(10分)		
	10. 活动取得良好的教育效果,在儿童中有一定的影响。(10分)		
合计得分:			

三、 依托科学节日，回归真实生活

节日是人类生活的重要时间点,因节日活动特有的娱乐性、情境性、实践性和感染性,能吸引儿童在轻松愉快的氛围中融入其中,潜移默化地受到熏陶,使节日活动发挥其独特的教育价值。为此,我们以学生真实的生活经历为背景,把开展节日活动纳入学校课程之中,抓住儿童"爱过节"的特点,开展丰富多彩、寓教于乐的节日活动,把灵创教育目标落实在一个个具体节日活动中。通过生动有趣的活动形式,使学生易于接受,丰富他们的童年生活,促进良好品质的形成。

我们在充分认识和理解的基础上,挖掘中外各国及世界性科技纪念日的教育价值,将其巧妙地融入学校课程中,丰富学校课程内容,并促进儿童的知

识、技能、情感的发展。儿童在体验中了解这些纪念日的来历，增长科技文化知识，同时在活动中初步感知科技活动独特的魅力，使其初步萌发民族情感和归属感。

每逢传统节日，科学教师们都会整合各学科资源，为各年级的学生精心设计一份自选型节假日实践性作业。节假日实践性作业设计主要由两部分组成：一是年级自主型实践性作业菜单，包括作业名称、涉及学科、作业呈现形式、作业完成步骤及要求、作业评价标准，供学生自主选择；二是各项实践性作业探究卡。科学类的实践作业既有趣，又富有内涵，成为了学生们热衷选择的作业。

除此之外，我们还同时设立了北湖小学"科学节"活动，让科学创新的氛围在学校中蔓延。科学节主要以儿童的参与和比赛为主，设立班级奖励和儿童个人单项奖。具体活动组织方案及评价如下（见表1-6和表1-7）：

表1-6 北湖小学"灵创节日"——校园科技节日课程设置表

月份	节日	主题	活　　动
一月	发明日	我是小小发明家	1. 分享震撼世界的系列发明 2. 讲述发明家的故事 3. 举办校园小发明展
二月	科技节	科技创造未来	1. 参观科技博物馆，了解现代科学技术 2. 了解体验VR、无人驾驶、人工智能
三月	世界气象日	智慧气象	开展世界气象日科普宣传活动
四月	国际天文日	同一片天空同一个家园	1. 参观天文博物馆 2. 观看与天文有关的纪录片
五月	环保节	我是环保小卫士	1. 垃圾分类我宣传 2. 节能减排我先行

月份	节日	主题	活　　动
六月	世界海洋日	同一个世界 同一片海洋	1. 制作保护海洋的手抄报 2. 了解大海中动物的生存环境,如鲸鱼、海豚等
七、八月	鲁班诞辰纪念日	弘扬鲁班文化 传承工匠精神	1. 缅怀鲁班,签名寄语 2. 邀请鲁班文化传承人进行讲座 3. 开办鲁班发明展
九月	中国航空日	启航新时代 共筑航天梦	1. 了解中国航天历程,参观中国航天博物馆 2. "我与航天的第一次亲密接触"图片征集等活动
十月	世界建筑节	我是小小建筑师	1. 参观滕王阁,初步了解中国古代建筑构造 2. 参观八一大桥、英雄大桥、生米大桥,初步了解桥梁建筑结构
十一月	中国航海日	航海新时代 丝路再出发	1. 举行"共绘航海梦"绘画活动 2. 开展当代航海精神微视频创作大赛 3. 参加中国航海日公众开放日启动仪式
十二月	钱学森诞辰纪念日	情系科学,立志展宏图	1. 举办钱学森故事会 2. 举办签名寄语活动 3. 开展未来理想大调查活动

表 1-7　北湖小学"灵创节日"评价实施细目量表

评价指标	评 价 内 容	评价分值
主题	1. 主题鲜明、立意新颖、寓意深刻 2. 主题具有时代性、科学性、针对性、实效性、教育性 3. 根据儿童身心发展和成长中遇到的共性问题确定主题	
目标	1. 目标明确,有明确的导向和时代性 2. 达到儿童情感态度价值观的转变 3. 儿童有认识,有感悟,自我教育能力得到增强,能促进儿童身心健康发展	
内容	1. 贴近社会现实,贴近儿童实际生活,贴近儿童身心发展规律 2. 紧扣主题,准确定位 3. 分出层次,突出重点	
实施	1. 情景设计合理,操作性强,能体现综合运用知识的能力 2. 要依据所确定、分解、细化的具体内容选择活动 3. 按照"近、亲、实"的原则选择活动 4. 采取多种形式呈现 5. 设置拓展性、开放性的,能给儿童提供思考空间的问题,引导儿童体实施体验和感悟 6. 面向全体儿童,关注儿童的个性和差异,注重培养儿童的实践能力 7. 师生互动,儿童参与面广,能充分体现儿童主体、教师主导的新课程理念 8. 活动设计有特色有创意,体现课程的实践性、自主性、综合性、创造性和趣味性	
方式	1. 新颖、独特、多样,让儿童充分展示自我 2. 注重儿童的感悟和体验 3. 重视活动的群体性,引导儿童合作学习 4. 能创设生动、活泼、有效的课堂氛围	

四、 开展研学之旅，享受学习快乐

《义务教育小学科学课程标准(2017年版)》指出："引领学生到校园、家庭、社会、大自然中去学科学用科学。"小学科学课里有很多的课后延伸内容，其目的是进一步巩固课堂所学的知识和技能，同时还要让学生明白课堂里的科学活动跟生活是密切相关的。课后延伸做得充分，可以为科学课的成功起到推波助澜的作用。

正如苏霍姆林斯基说："人的内心有种根深蒂固的需要——总感到自己是发现者、研究者、探索者。"我们的研学拓展活动，尊重孩子内心的渴望，孩子们做得远比我们想象得要好，甚至超过我们大人。最为重要的是，孩子们关爱生命、关注自己生存的状态，渴求生态环境的健康发展，这些情感态度、价值观将内化于儿童。儿童们走进社会和自然进行实地学习和调研，了解行业特点，借助于实地资源与书本上的知识、技能有机联系起来，即让课堂延伸到社会领域，加强了知识的实用性研究，形成了校本课程资源。通过研学活动促进儿童认识科学与社会、自然的关系，与课堂教学进行关联和融合，使他们能用科学的眼光看待物质世界，提升学习的质量和品质。具体活动包括(表1-8)：

表1-8　北湖小学"灵创之旅"实施细目表

时间	主题	活动场地	目　的
春季	走进自然	凤凰沟、梅岭、动物园	了解大自然、亲近大自然、热爱大自然
夏季(暑假)	红色之旅	井冈山、瑞金、西安	感受红色经典，传播红色精神，发扬红色传统
秋季	家乡美行	安义古村、滕王阁、西湖李家	了解家乡的历史，激发对家乡的热爱之情
冬季(寒假)	科技探秘	科技馆、气象台	感受科技魅力，激发对科学的热爱，学科学、用科学、爱科学

附："灵创之旅"的评价体系

"为了学习的评价"强调师生互动生成评价目标,师生共有学习评价权利。作为学校课程的一部分,"灵创之旅"以"为了学习的评价"为课程评价的理念,真正发挥"以评促学"的作用,为更好地实现有效教学提供保障。我们对"灵创之旅"建构以下评价体系：

（一）师生互动共制评价目标

"为了学习的评价"的评价标准是由教师与儿童互动交流而生成的。教师在掌握研学主题目标的情况下,将这些目标转换成儿童可以理解和接受的呈现状态,并积极寻求儿童的意见。在此过程中,一方面,教师加强了与儿童的交流,更加明确了儿童的需求特点;另一方面,儿童对研学评价标准不会一无所知,而是根据这些生成的标准随时调整自己的研学行动。

（二）实施过程评价

"为了学习的评价"是过程导向的评价,评价伴随课程实施的全过程。"灵创之旅"实践课程是以活动学习为主的体验式课程,包括认知体验与情感体验,教师需关注活动中儿童的每一次表现、每一项任务的完成,并针对任务的性质做出合理而又适切的评价。例如,关于某事物或某历史典故的认知,可采用问答形式;对于儿童旅行活动中的感受和体验,可以借助儿童"五官"的表达(绘画、写作、唱歌等),使他们能够自主选择表达学习成果的方法。此外,教师应为儿童提供各种反馈信息,基于儿童的反应及时调整评价方式,同时促进儿童学会运用评价信息适时适度地调整自身学习。

（三）儿童自评与相互评价结合

自我评价是儿童自身评价自己的学习状态,依据自己已有认知和外界获得的信息审视自身,客观认识自己,并了解自己的真正状态,以调整以后的学习活动。相互评价即同伴之间互相评价学习进度。"灵创之旅"是在真实情境中进行的、儿童集体参与的活动式课程,其很大程度上区别于传统讲授式教学,因此能够把握儿童活动学习真实状态的莫过于儿童自己以及同伴了。在涉及认知类内容时,儿童基于"既知"进行自我评价,及时发现"未知",并调节"既知"与"未知"之间的矛盾,在监控自身学习状态的同时,提升自我效能感以及成就感。若综合使用同伴互评,可在交流中彼此琢磨各自的知识与见解,有益于个体自身知识面的拓宽以及合作精神的培养。此外,对于情感类课程内容,如爱国情怀的激发、集体荣誉感的增强、合作精神的培养等,儿童间的交流感悟、思想碰撞等互评方式则更为有效。

　　基于科学核心素养培养的科学课程构建非一日之功,需要学校通过顶层设计,立足学校实际,整合各类科学教育资源,设置前瞻、高位的课程目标和灵活、开放的课程内容,形成良性运作的课程实施评价机制,才能探索出通过学校科学课程建设和实施培养学生核心素养的新路径。

(撰稿人:龚明　汪欢　夏汉艳)

第二章

深度学习

符号与思维的互构共舞

儿童的学习不仅是知识的学习，更是对思想、方法的体验学习；儿童的学习不仅是解答问题，更是思维体系下理性精神的生成过程。 课程将知识与技能在真实情境中用于解决问题，以发展批判性思维、创新能力、合作精神、交往能力以及学会学习等认知策略为目标，设计儿童主动参与的创造性拓展学习活动。 课程倡导愉悦的情感体验，让学有温度；重视批判理解，让学有深度；关注关联建构，让学有宽度；注意多元反思，让学有厚度。

　　数学教育目标是让儿童学会用数学的眼光观察世界,用数学的思维分析世界,用数学的语言表达世界。社会的发展对数学学习的价值有着新的需求。数学学习不仅是数学知识的学习,更是对数学思想、数学方法的体验;不仅是解答问题,更是一种数学思维体系下理性精神的生成过程。在这样的数学学习价值取向的引领下,促进真实的数学学习发生,需要儿童思维的高度参与,需要启动儿童高阶思维的发生,引发深度学习,进而使儿童获得数学核心知识,发展思维能力,提高解决问题能力,形成核心素养。所以,儿童的学习不仅是知识的学习,更是对思想、方法的体验学习;儿童的学习不仅是解答问题,更是思维体系下的理性精神的生成过程。[①] 课程将知识与技能在真实情境中用于解决问题,以发展批判性思维、创新能力、合作精神、交往能力以及学会学习等认知策略为目标,设计儿童主动参与的创造性拓展学习活动。课程倡导愉悦的情感体验,让学有温度;重视批判理解,让学有深度;关注关联建构,让学有宽度;注意多元反思,让学有厚度。

　　南昌市北湖小学数学组,现有教师 18 人,其中中小学特级教师 1 人,中小学一级教师 15 人。我校数学教研组秉持"灵思数学:让数学充满灵性思维"的数学课程理念,充分发挥团队合力。按学校制定的"小科灵"课程计划,数学教研组认真开展教研活动和备课组活动,积极参加市区组织的各类教研活动。定期组织教师基本功展评,充分发挥团队合作的力量,以备课组为单位开展听课、评课、磨课等活动,以教研组为单位开展教学研究,带动全校教研组的共同发展,在教科研方面取得了一定效果。数学组的每位老师基本形成了各具个性的教学特色,数学课堂教学深受孩子们的喜爱。

[①] 蒋澍.小学数学教育教学研究 2017 年度综述——基于 2017 年《小学数学教与学》论文转载情况的统计分析[J].小学教学研究(教学版),2018,(2):9—12.

第一节　善思乐学共创中灵性生长

一、学科性质观

一百多年前,恩格斯提出"数学是研究数量关系和空间形式的科学"。随着时代的进步与发展,现今数学这个领域已被称作模式的科学,其目的是要揭示人们从自然界和数学本身的抽象世界中所观察到的结构和对称性,是人们对客观世界定性把握和定量刻画,逐渐抽象概括,形成方法和理论,并进行广泛应用的过程。[①]

小学数学课程提供了数学与现实世界的联系,让儿童经历一个"数学建模"的过程。在这一过程中,带领孩子们收集、整理、描述信息,建立数学模型,进而获得对数学的理解,并形成用数学解决生活问题的能力,为社会发展创造价值。

"灵思数学"课程的基本出发点是促进儿童全面、持续、和谐地发展。它不仅要考虑数学自身的特点,更应遵循儿童学习数学的心理规律,强调从儿童已有的生活经验出发,让儿童亲身经历将实际问题抽象成数学模型并进行解释与应用的过程,进而使儿童获得对数学理解的同时,在思维能力、情感态度与价值观等多方面得到进步和发展。

二、学科课程理念

大脑在意识的作用下,思维的功能开动了思考的机器,产生了思想。北湖数学人在长期的数学实践中,提出了"灵思数学"的学科理念,"灵思数学"的课堂旨在追求"灵性思维、灵活思考、灵动思辩、灵志思创",使儿童在善思、乐学、共创的学习过程中提升数学学科素养,追求小学数学教育的真义,让儿

---

① 黄毕年.让数学深度学习真正发生——听俞正强老师执教六年级"鸡兔同笼"复习课有感[J].小学数学教育,2019(05)：38—39.

童在知识的海洋里灵性生长，在广阔的世界里灵慧成长。①

（一）"灵思数学"对基本数学概念的理解

小学阶段所涉及的数学概念都是非常基本、非常重要的，越是简单的往往越是本质的，因此对小学阶段基本数学概念内涵的理解是如何学习数学，掌握数学思想方法，形成恰当的数学观，真正使"情感、态度、价值观"目标得以落实的载体。

"灵思数学"对所谓"基本数学概念的理解"旨在了解以下几个问题：为什么要学习这一概念，这一概念的现实原型是什么，这一概念特有的数学内涵、数学符号是什么，还有以这一概念为核心是否能构建"概念网络图"。

（二）"灵思数学"对数学特有思维方式的感悟

每一学科都有其独特的思维方式，以及认识世界的角度，数学也不例外，数学还享有"锻炼思维的体操"、"启迪智慧的钥匙"的美誉。

小学阶段的主要思维方式有比较、类比、抽象、概括、猜想、验证。其中，概括是数学思维方式的核心。

（三）"灵思数学"对数学思想方法的把握

基本数学概念背后往往蕴涵重要的数学思想方法。数学的思想方法极为丰富，小学阶段主要涉及哪些数学的思想方法呢？主要思想方法有：分类思想、转化思想(叫"化归思想"可能更合适)、数形结合思想、一一对应思想、函数思想、方程思想、集合思想、符号化思想、类比法、不完全归纳法等。这些思想方法如何在教学中落实呢？"灵思数学"的基本观点是在学习数学概念和解决问题中落实。

---

① 虞怡玲.深度学习之"问题"整合观——由"问"及"思"深度学习的实践探究[J].小学数学教育，2019 (Z3)：15—18.

（四）"灵思数学"对数学精神(理性精神与探究精神)的追求

可以说，数学的理性精神与数学的探究精神是支持着数学家研究数学进而研究世界的动力，也是儿童学习数学研究世界最原始、最永恒、最有效的动力。"灵思数学"鼓励孩子们追求更深入、更广泛、更远大的数学精神。

（五）"灵思数学"对数学美的鉴赏

领悟和欣赏数学是数学素养的基本成分，能够领悟和欣赏数学美也是进行数学研究和数学学习的重要动力和方法。能够把握数学美的本质有助于培养儿童对待数学以及数学学习的态度，进而影响数学学习的进程和学习成绩。"灵思数学"的基本原则：求真、求简、求美。

"灵思数学"追求在"发现问题、分析问题、解决问题"的递进过程中提升儿童的数学素养，每一次对数学问题的思考和解决都是数学智慧的生长，也是数学学习的愉快体验，更是数学智慧的创新。正是数学给了人类美的智慧、真的智慧、创造探索自由的智慧。

第二节 灵性的思维创造精神世界

《义务教育数学课程目标(2011版)》指出：义务教育阶段的数学课程，其基本出发点是促进儿童全面、持续、和谐地发展，使儿童获得适应未来社会生活和进一步发展所必需的重要数学知识(包括数学事实、数学活动经验)以及基本的数学思想方法和必要的应用技能；初步学会运用数学的思维方式去观察、分析现实社会，去解决日常生活中和其他学科学习中的问题，增强应用数学的意识；体会数学与自然及人类社会的密切联系，了解数学的价值，增进对数学的理解和学好数学的信心；具有初步的创新精神和实践能力，在情感态度和一般能力方面都能得到充分发展。为了实现这一总体目标要求，发展儿童的数感、符号意识、空间观念、几何直观、数据分析观念、运算能力、推理能力、模型思想、应用意识与创新意识,我校提出如下数学学科课程目标。

一、"灵思数学"课程总体目标

(一)"灵思数学"课程显性目标

1. 学习知识技能。经历数与代数的抽象、运算与建模等过程,掌握数与代数的基础知识和基本技能;经历图形的抽象、分类、性质探讨、运动、位置确定等过程,掌握空间与几何的基础知识和基本技能;经历在实际问题中收集和处理数据、利用数据分析问题、获取信息的过程,掌握统计与概率的基础知识和基本技能;参与综合实践活动,积累综合运用数学知识、技能和方法等简单解决问题的数学活动经验。

2. 发展数学思考。发展儿童数学思维建立数感、符号意识和空间观念,初步形成几何直观和运算能力,发展形象思维和抽象思维;体会统计方法的意义,发展数据分析观念,感受随机现象;在参与观察、实验、猜想、证明、综合实践等数学活动中,发展合情推理和演绎推理能力,清晰地表达自己的想法;学会独立思考,体会数学的基本思想和思维方式。

3. 培养问题解决。初步学会从数学的角度发现问题和提出问题,并能综合运用所学的知识解决简单的实际问题,增强应用意识,提高实践能力;获得分析问题和解决问题的一些基本方法,体验解决问题策略的多样性,发展创新意识;学会与人合作交流;初步形成评价与反思的意识。

4. 提升情感态度。积极参与数学学习活动,对数学有好奇心与求知欲;在数学学习活动中获得成功的体验,锻炼克服困难的意志,建立自信心;体会数学的特点,了解数学的价值;养成认真勤奋、独立思考、合作交流、反思质疑等学习习惯;形成坚持真理、修正错误、严谨求实的科学态度。

(二)"灵思数学"课程隐性目标

1. 恢宏大气。让儿童在"灵思数学"的学习过程中汲取广博知识,形成浓厚的学习兴趣。使儿童拥有多方面的知识和能力。培养心智豁达、意志坚强的恢宏大气少年。

2. 勇敢正气。利用"灵思数学"中创设的教学情境，积极开展思想教育活动，让儿童拥有良好的意志品质和活泼开朗的性格，树立正确的人生观、世界观、价值观。培养善于合作、乐于奉献的勇敢正气少年。

3. 聪颖灵气。"灵思数学"秉承"让数学充满灵性思维"的数学课程理念，以提高孩子们发现问题、分析问题、独立解决问题的能力为目标，培养勤于动手，勇于实践的聪颖灵气少年。

4. 蓬勃朝气。在"灵思数学"学习中，通过"思"树立自我反思的意识，培养积极进取、乐观向上的蓬勃朝气少年。

5. 怡情雅气。"灵思数学"积极倡导孩子们学会多角度欣赏数学作品，学会鉴赏数学美，积累数学文化底蕴。培养善于发现、敢于创造的怡情雅气少年。

二、"灵思数学"课程具体目标

总之，我校将秉承"让儿童在创想实践中灵性成长"的理念，围绕以上课程目标发展儿童的学科核心素养，培养"五气"少年。

第三节　全方位满足儿童学习需求

一、"灵思数学"课程结构

我校"灵思数学"课程框架设置是依据学校"科灵"课程规划的总体框架，设立的数学课程。"兴趣是最好的老师"，我们力图挖掘数学学科素材，激发儿童探究数学知识的欲望，提高儿童学习新知的兴趣；在浓厚的教学韵味和欢快的数学乐园中启迪儿童的智慧灵感，放飞儿童求知的梦想，在兴趣教学中铸就儿童走向成功的基石！

表 2 - 1 　"灵思数学"课程年级目标

	一年级	二年级	三年级	四年级	五年级	六年级
知识技能	1. 认识计数单位"个"和"十",认识100以内的数,并会进行简单计算。 2. 认识人民币和时间单位,会进行简单计算。 3. 直观认识立体图形和平面图形。 4. 初步了解分类的方法,会进行简单的分类,感受数与数的关系,会整理数据探索,会探索或给定图形或	1. 掌握万以内数的读写,掌握100以内数的加减法,知道乘除法的含义并能进行简单计算。 2. 初步认识轴对称现象,感知平移、旋转现象。初步认识直角,会判断直角,会辨认锐角和钝角。 3. 认识长度单位,初步估计物体长度,感受平面图形的意义,认识质量单位克和千克。	1. 经历从日常生活中抽象出数的过程,理解常见的量;了解四则运算,掌握必要的运算技能;了解估算,经历从实际。 2. 经历从简单几何体和平面图形的过程,了解一些简单几何体和常见的平面图形;感受平移、旋转、轴对称,认识物体的相对位	1. 体验从具体情境中抽象出数的过程;理解分数、小数的意义和小数的性质,掌握必要的运算技能;理解估算的意义。 2. 探索认识垂线平行线,会画平行四边形和梯形;认识三角形的特征;认识三角形的特性,会根据三角形的特点,给三角	1. 能正确进行小数乘法和除法的笔算,掌握用方程表示简单的数量关系,以及解简单方程的方法。理解分数的意义和基本性质,掌握分数加减法计算方法。 2. 在具体情境中通过实例感受简单的随机现象。 3. 灵活运用平移、轴对称和旋转画图。	1. 理解分数乘除法的意义,掌握方法比较熟练的计算,会进行简单的分数乘除的四则混合运算。理解数倒数的意义,掌握求倒数的方法,了解负数。理解百分数的意义,理解比例和反比例的意义,掌握比的基本性质,会解正比例和反比例关系的意义。 2. 掌握圆的特征,会用圆规画圆,探索并掌握圆的周长

续　表

一年级	二年级	三年级	四年级	五年级	六年级
数字排列中的简单规律。	4. 初步了解统计的意义，体验数据的收集、整理、描述和分析的过程，会用简单的方法收集和整理数据，认识简单的统计表。	置。掌握初步的测量、识图和画图的技能。 3. 初步了解集合的思想，会形成发现生活中的数学的意思和全面思考问题的意识。 4. 认识简单的复式统计表，经历数据收集和整理的过程，了解简单的数据处理方法。	形分类。体验图形的简单运动，了解确定物体的位置的方法，掌握测量、识图和画图的基本方法。 3. 经历数据的收集、整理和分析的过程，了解平均数的意义，掌握简单的数据处理技能。	结合具体情境，探索并掌握长方体和正方体的体积、表面积的计算方法。 4. 认识折线统计图；体会折线统计图的特点，根据需要选择合适的统计图描述数据。	和面积公式。认识圆柱、圆锥的特征；会计算圆柱的表面积和圆柱、圆锥的体积；能够解决简单的实际问题。 3. 认识扇形统计图，能根据统计图要选择合适的统计图表示数据。 4. 经历对抽象探究过程，初步了解抽象的原理，会用它解决简单的实际问题，发展分析推理的能力。

续　表

	一年级	二年级	三年级	四年级	五年级	六年级
数学思考	能够理解身边有关数字的信息,会用数(合适的量纲)描述现实生活中的简单现象。发展数感。	1. 在讨论简单的物体性质的过程中,发展空间观念。 2. 在教师的指导下,能对简单的调查数据进行归类。	1. 在教师的指导下,能对简单数据的调查归类。 2. 能表达自己的想法;在讨论问题的过程中,能够初步辨别结论的共同点和不同点。	能够对生活中的数字信息作出合理的解释,会用数(合适的量纲)、字母和图表描述生活中的简单问题;初步形成数感,发展符号意识。	在探索简单图形的性质、运动现象的过程中初步形成空间观念。	1. 能根据解决问题的需要,收集与表示数据,归纳出有用的信息。 2. 能进行有条理地思考,能清楚地表达思考过程与结果;在与他人交流的过程中,能够进行简单的辩论。
问题解决	能在教师的指导下,从日常生活中发现和提出简单的数学问题。	获得分析问题和解决问题的一些基本方法,知道同一问题可以有不同的解决方法。	1. 体验与他人合作交流、解决问题的过程。 2. 初步学会整理解决问题的过程和结果。	1. 能从社会生活中发现并提出简单的数学问题。 2. 能借助于数字计算器解决简单的计算问题。	1. 能探索分析问题、解决问题的有效方法,了解解决问题方法的多样性。 2. 能借助于数字计算器解决简单的计算问题。	1. 初步学会与他人合作解决问题,尝试解释自己的思考过程。 2. 能初步判断结果的合理性,经历回顾与分析解决问题过程的活动。

续 表

	一年级	二年级	三年级	四年级	五年级	六年级
情感态度	对身边与数学有关的事务（现象）有好奇心，能够参与数学活动。	在他人帮助下，体验克服数学活动中的困难的过程。	1. 了解数学可以描述生活中的一些现象，感受数学与生活有密切联系。 2. 在解决问题的过程中，养成询问"为什么"的习惯。	愿意了解社会生活中与数学相关的信息，主动参与数学学习活动。	在他人的鼓励和引导下，尝试克服数学活动中遇到的困难，相信自己能够学好数学。	1. 在运用数学解决问题的过程中，体验数学的价值。 2. 初步养成乐于思考、实事求是、勇于质疑等良好品质。

本课程坚持把"灵性思维、灵活思考、灵动思辩、灵志思创"的理念放在第一位,创设轻松、活泼的教学氛围,重视教学活动源于生活,引导儿童在趣味化、生活化的数学教学活动中自主地建构数学知识,引导儿童积极运用已有的生活经验去探索、去发现、去感悟有趣有用的数学知识,从而实现对儿童无痕的引导,降低儿童接受知识的难度,切实提高儿童学习数学的兴趣,增强儿童学好数学的信心。

教师通过选择、改编、整合、补充、拓展等方式,设计开发新的课程,即学校在对儿童的需求进行科学的评估后,在充分考虑当地社区和学校课程资源的基础上,以学校和教师为主体,开发"灵思"课程,包括"灵思算数"(数与代数领域)、"灵思科创"(图形与几何领域)、"灵思统计"(统计与概率领域)、"灵思体验"(综合与实践领域)。具体描述如下:

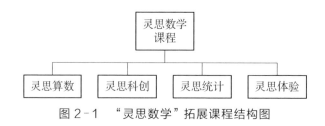

图 2-1   "灵思数学"拓展课程结构图

（一）"灵思数学"课程之"灵思算数"

该项课程内容为数的运算和运算相关的趣味游戏,开设的子课程有"畅游数字园""认识人民币""口算小能手""口算精英组""计算我最棒""理财小能手""数的奥秘""探索生命的能量""小圆点大用处""长幼有序""数学百分百""自行车里的数学"等。目的在于发展儿童的运算能力,激发儿童的兴趣,帮助儿童理解算理,让儿童在"灵思数学"的学习过程中汲取广博知识,形成浓厚的学习兴趣。

（二）"灵思数学"课程之"灵思科创"

该项课程内容为拼搭图形、创造图形以及设计创造空间模型,开设的子课程有"拼搭无极限""角与时间的结合""玩转七巧板""美丽的图形""美化家园""乐高拼搭""进阶魔方""亲爱一家人""空间感觉""生活中的圆""有趣的圆柱"。课程注重发展儿童的空间观念,让儿童经历拼搭图形的过程,体会图形之间的联系和变化,在活动中提高自己的动手操作能力,发展初步的创新意识,感受图形之美。倡导孩子们学会多角度欣赏数学作品,学会鉴赏数学美,积累数学文化底蕴。培养善于发现、敢于创造的怡情雅气少年。

（三）"灵思数学"课程之"灵思统计"

该项课程内容为数据的分类、收集、整理和分析,感受简单的随机事件及其结果发生的可能性有大有小。开设的子课程有"整理我能行""数据收集整理""数据整理""科学调查体验 1""科学调查体验 2""是与非""跳动的音符""蓝天保卫战"等课程,课程旨在培养儿童正确的数据分析观念与能力,使儿童逐步建立数据分析观念;提出问题、收集数据、整理数据、分析数据、做出决策;进行交流、评价与改进,并根据数据做出某种判断。目的在于发展儿童的发现能力和创新精神,树立正确的人生观、世界观、价值观,培养善于合作、乐于奉献的勇敢正气少年。

（四）"灵思数学"课程之"灵思体验"

该项课程内容为创造生活情境,解决生活中真实存在的问题。开设的子课程有"身边的数学""摆摆与想想""方寸之间""小小设计师""身体棒棒哒""生活小管家""项目学习""点线学问""生活小达人""节约用水""鸽巢问题"。在实践与综合教学中,培养儿童解决问题的能力;引导体验,让儿童在实践和探究的过程中提高解决问题能力。以提高孩子们发现问题、分析问题、独立解决问题的能力为目标,培养勤于动手,勇于实践的聪颖灵气少年。

二、"灵思数学"课程拓展课程设置

除了国家基础课程之外,我们还进行了校本化实施,分年级特点设定了"灵思数学"课程拓展课程。

表 2-2　"灵思数学"拓展课程表

实施年级	灵思算数（数与代数领域）	灵思科创（图形与几何领域）	灵思统计（统计与概率领域）	灵思体验（综合与实践领域）
一年级上学期	畅游数字园	拼搭无极限	无	身边的数学
一年级下学期	认识人民币	玩转七巧板	整理我能行	摆摆与想想
二年级上学期	口算小能手	角与时间的结合	无	方寸之间
二年级下学期	口算精英组	美丽的图形	数据收集整理	小小设计师
三年级上学期	计算我最棒	校园大变化	无	身体棒棒哒
三年级下学期	理财小能手	寻宝游乐园	数据整理	生活小管家
四年级上学期	数的奥秘	乐高拼搭	科学调查体验（一）	头脑风暴
四年级下学期	探索生命的能量	进阶魔方	科学调查体验（二）	头脑风暴
五年级上学期	小圆点大用处	相亲相爱一家人	是与非	点线学问
五年级下学期	长幼有序	空间感觉	跳动的音符	生活小达人

续　表

实施年级	灵思算数（数与代数领域）	灵思科创（图形与几何领域）	灵思统计（统计与概率领域）	灵思体验（综合与实践领域）
六年级上学期	数学百分百	生活中的圆	蓝天保卫战	节约用水
六年级下学期	自行车里的数学	有趣的圆柱	无	鸽巢问题

第四节　携手儿童走出教科书局限

数学学习是一个生动活泼的、主动和富有个性的过程,这就要求数学课程的实施要符合儿童的认知规律,贴近儿童的实际,这样有利于儿童体验与理解、思考与探索。课程内容的组织要重视过程,要重视直观,要重视直接经验。动手实践、自主探索与合作交流是学习数学的重要方式,因此在课程实施中要为儿童创造足够的时间和空间去经历观察、实验、猜测、计算、推理、验证等活动过程。

为此,根据"灵思数学"的课程理念、学科性质、课程目标等方面的要求,我们从灵思课堂、灵思社团、灵思研学、灵思项目学习等几个方面进行课程实施及评价。

一、"灵思课堂"让学习高度有效

（一）"灵思课堂"的实施要义与操作

要打造"灵思数学"高效课堂,首先要将"发言热闹的课堂"转变为"深度学习真正发生的课堂"。深度学习是在教师的引领下,儿童围绕着具有挑战性的学习主题,全身心参与其中,体验成功、获得发展的有意义的学习过程。只有教师教育理念发生了改变,儿童的学习方式才会发生改变。课前,教师创设儿童有效参与的问题情景,在这样的情景中,提出需要儿童深度探索与思考的关键问题,激励每位儿童都参与学习。不同的儿童可能有不同的理解,通过相互间的交流、讨论甚至是争论,使儿童逐步理解新的知识,提高儿童的核心素养。

 案例 一

《集合》教学设计

教学内容:人教版三年级上册《数学广角——集合》

教学目标:

> 1. 让儿童亲历集合思想方法的形成过程,初步感受集合知识的意义。
>
> 2. 在观察、操作、实验、交流、猜测等活动中感知集合图形成的过程,体会数形结合的思想。
>
> 3. 体验个体与小组合作探究相结合的学习过程。

教学重点:了解集合图的产生过程,利用集合的思想方法解决有重复部分的问题。

教学难点:理解集合图的意义,会解决简单重复问题。

课前准备:多媒体课件;学习记录单。

教学过程:

一、联系生活,激情引入

师:同学们,11 月 3 日我们学校举行运动会比赛,通过比赛,我们班评出了"50 米达人"和"100 米达人"。今天老师想给这些孩子来发奖品。

课件出示:"50 米达人"4 人和"100 米达人"5 人

师:你知道了什么?

生：我知道了"50米达人"有4人，"100米达人"有5人。

师板书：50米达人4人，100米达人5人。

师：看来，这次获奖一共有几人？

生：9人。

师：用算式说话好吗？

生：4＋5＝9。（师板书：4＋5＝9？）

师：究竟是哪9个优秀的达人呢？课件出示名单（根据班级写名字）

师：掌声有请这9个儿童上台（看到自己名字的儿童陆续走上讲台排成一行）。

师：1、2、3……8咦？好像少了1个。

生：重复了1个。

师：你说的重复是什么意思？（板书：重复）

生：就是出现了两次。

师："50米达人"到讲台左边集合。"100米达人"到讲台右边集合。

师：（手指"50米达人"）就说不对嘛，看，你们人少了1个。

儿童自己站队，×××站在中间。

二、探究解题策略，渗透集合思想

师：为什么要站中间呢？

生：因为×××既是"50米达人"，又是"100米达人"。

生：看起来他两边都属于啊！

师：我感觉也是这样子的。

师：为了方便，请这几位同学把自己的名字按现在站的位置留在黑板上（获奖儿童把自己的名字按左、中、右的位置贴在了黑板上）。

师：有什么办法可以让我们一眼看出×××既是和他们一起的，又是和他们一起的呢？按要求在纸上试一试，看谁表达得最一目了然（课件出示要求：在白纸上试着写一写，画一画，圈一圈要让我们一眼看出，谁和谁是一起的）。

1. 儿童合作,教师巡视,寻找具有代表性的作品(5分钟)

师:老师发现同学们都很有想法,这里有几种具有代表性的作品,我们一起欣赏欣赏。

2. 儿童汇报

生1:文字表达类型。

生2:文字加符号表达类型。

生3:韦恩图。

师:有什么想说的吗? 能看懂吗? 你看懂了什么?

师:我有个问题,×××到底是哪个圈的?

生:两个圈都是。

师:看"50米达人"的时候算不算他? "100米达人"呢?

师:这三幅图中,你觉得哪一幅更能清楚地表示出×××既和他们是一起的,又和他们是一起的呢?

生:第三幅。

3. 认识韦恩图

师:在他的方法中,谁帮了我们的忙?

生:两个圈。

师:他有两个圈,我也有两个圈(出示两个圈),谁能上来帮我圈一圈?

师:(板书)他圈的是什么?

生:"50米达人"。

师:像这样把所有的"50米达人"看成一个整体,就得到了"50米达人"的集合(板书课题:集合)。"50米达人"就是这个集合的名称(介绍韦恩图)。

4. 儿童再次圈一圈

师:这个呢?

生:"100米达人"(师板书)

师:这就是——"100米达人"的集合。

师:为什么两个集合里都有×××?

生：因为他既是"50 米达人"，又是"100 米达人"。（板书：既……又……）

师：（手指只获得"50 米达人"的几个儿童）那这几个同学能到中间去吗？

生：不能，他们只获得了"50 米达人"。

师：真不错。一个"只"字，让你的表达非常清楚（板书：只是）。

师：（手指只获得"100 米达人"的几个同学）他们呢？

生：他们只是"100 米达人"（师板书）。

师：不错，一个"既是……又是……"，一个"只是"，把每个同学的获奖情况说得清清楚楚。我再来考考你们，我来涂色，请你说说我涂色的部分是什么（课件演示引导儿童认识韦恩图的每一部分）。

5. 汇报符号表示的方法

师：大家说得真清楚。看来，当我们说不清楚的时候，用图表示就清楚多了。

师：说到图啊，在刚才收集的作品中，还有一幅这样的图。我发现他几乎是全班第一个完成的。他的窍门是什么？

生：他没有写名字，而是画的三角形。

师：你们能看懂吗？

生：能。

师：你读懂了什么？

生："50 米达人"有 4 人，"100 米达人"有 5 人，重复 1 人。

师：除了用三角形，还可以用——圆、长方形、小棒……

师：真会想办法。看来，名字不重要，因为不管是用哪种形式都能明确地看出这次获奖的共有几人。

生：8 人。

师：哦，4＋5＝8 啊！（板书：4＋5＝8）

生：错了。

师：哪错了？不就是 8 人吗？

生：要减 1，要减 1。因为×××得了两个奖。

师：明白了，问题就出在×××的身上，也就是说要把他——去掉（教师拿走×××的名字卡片)。

生:不能拿走。×××重复了,他既获得了"50米达人",又获得了"100米达人",不能把他算两个人,只能算一个,所以要把他获得的其中一项奖去掉。

师:既在4里,又在5里,当4和5加起来的时候,×××被重复算了一次,就要把重复算的那次去掉(板书补充算式为:$4+5-1=8$)。

如果出现两位同学重复出现呢?

生:就减2。

6. 游戏深入了解韦恩图各部分

师:看来这个韦恩图同学们都了解得很清楚了。作为奖励,我们做个游戏吧。

介绍游戏规则:看到同学们都这么积极地参加体育运动,老师也非常想加入,我用这个正方形代表,正方形放到哪就代表我参加了什么运动?请你们猜猜我参加了什么?

生:你两项都参加了。

师:是的,我两项都参加了,老师都没说,他是怎么知道的?

生:贴在两个集合重叠的部分就表示两项都参加了。

师:是啊,集合图可以告诉你,谁想玩?(请两个同学上来贴)谁还想玩,要和别人不一样哦!看来集合图里面的内容能表达信息,集合图外面的内容也表达了信息。

7. 列式计算

师:现在,你能对照集合图,列式算出表示咱班参加50米达人和100米达人一共有多少人吗?

同学列式,选同学板书,说明理由。对照课件演示说明。(出示课件)

预设1:$4+5-1=8$

预设2:$3+1+4=8$,先从"100米达人"里把×××扣掉,再从"50米达人"里把×××扣掉,最后再加上×××。

预设3:$5-1+4=8$,先从"50米达人"里把×××扣掉,再加上获得

"100 米达人"的 4 个同学。

预设 4：4－1＋5 ＝ 8，先从"100 米达人"里把×××扣掉，再加上获得"50 米达人"的 5 个同学。

师：(问生 1)你能对照图解释这个算式吗？借助图能更加清楚地说明算式的含义，谁能像她这样说一说第二个算式？看明白了吗？她是把图分成了几个部分？(三部分)是啊，把没有重复的三个部分人数合起来就是总人数，真了不起！(预设 3、4 同学能说到就展示，没有就不讲)

三、练习巩固

1. 书本第 104 页例题讲解

师：谢谢你们用这么多方法帮这个班的同学解决了这个问题，你们再看，三(1)班也选了人参加跳绳和踢毽比赛，(出示表格)你想说什么？

生：有重复的。

师：咱们可以用连线找出重复的名单。如果要清晰地看出结果，你会想到用什么表示？你能快速地完成这个韦恩图吗？我先问问你们，你会先填哪部分的名单？为什么？为了节约时间，咱们填每个同学的姓就好。请你们填写在书本上。看看谁又快又准确。谁来汇报一下？参加这两项比赛的共有多少人呢？

2. 做一做变式

师：那经过激烈的比赛，我们学校评选出了"跑步之星"和"跳绳之星"，一起来看看光荣榜。

3. 拓展练习

师：咱们一起祝贺这些上榜的同学吧，在运动场上，除了这些体育项目，这边还在进行球类比赛呢，三(2)班选了 3 名同学参加篮球，还选了 5 名同学参加乒乓球，请你们想想，三(2)班参加篮球和乒乓球比赛的可能有多少人？读完题，你有什么想说的？为什么是"可能"呢？

四、课堂总结升华，点明集合思想

师：同学们通过今天的学习，你们学会了什么？

生：就是一个圈，里面有信息。

师：谁还有补充？

师：集合是一个什么样的圈？（有一些确定的人或物）集合圈内的东西有没有规定？

师：我们观察，参加跳绳比赛的集合圈里面的人是怎么排序的？

生：无序。

师：在一个集合圈内的人能不能重复？

生：不能重复。

师：当两个圈内有重复的，我们是怎样办的？ 相交，就是创造的韦恩图对吗？ 当三个圈内都有重复的又怎么办？ 想不想研究？ 可是，时间到了，该下课了，同学课后有兴趣，可以继续研究！

（案例设计者：秦章妹）

案例二

《三角形的内角和》教学设计

教学目标：

1. 通过操作活动探索发现和验证"三角形的内角和是 180°"的规律。

2. 通过量算、撕拼、折拼等活动培养儿童观察、操作、探究、归纳、概括、反思等能力和初步的空间想象力，感受数学的转化思想；发展儿童的空间观念和初步的逻辑思维能力；能运用所学知识解决简单的问题，训练儿童对所学知识的运用能力。

3. 使儿童有科学实验态度，激发儿童主动学习数学的兴趣，体验数学学习成功的喜悦。

学情分析：

四年级儿童已经掌握了角的概念、角的分类和角的度量等知识。在本课之前，儿童又掌握了三角形的稳定性，研究了三角形的分类。这些都为进一步研究三角形内角和做了知识储备和心理准备，为本课内容的教学做了铺垫。三角形的内角和是三角形的一个重要性质，它有助于理解三角形三个内角之间的关系，是进一步学习、研究几何问题的基础。

教学重点：探究发现和验证"三角形的内角和 180°"这一规律的过程，并归纳总结出规律。

教学难点：对不同探究方法的指导和儿童对规律的灵活应用。

教具准备：课件、三个不同大小的三角形。

学具准备：不同类型的三角形若干个、量角器、剪刀。

教学过程：

一、激疑导趣，引出问题

师：同学们，我们今天这节课准备探究哪个规律？（三角形的内角和是180°）出示这个规律，并做名词解释：什么是三角形的内角，什么是内角和？

师：那么三角形的内角和真的是 180°吗？（打上问号）

同学们昨天都进行了预习，老师想先问问你们在预习过程中都寻求了哪些帮助呢？（家长，同学，课本，电脑信息……）看样子同学们都铆足了劲，想在小组甚至全班展示你的研究成果，老师也有些迫不及待了。但是没有规矩，不成方圆。所以在小组交流合作之前，老师先要和同学们说明几个事宜。

提出要求：

1. 介绍一下学具袋里的工具

2. 出示合作要求

二、探究新知，合作交流

1. 小组合作，教师参与

2. 儿童展示，共同验证

（1）量一量

儿童根据完成的小组合作记录表，反馈量一量的结果。

师：汇报的测量结果，有的是180°，有的不是180°，为什么会出现这种情况？

生：是因为有可能量的时候有误差，也有可能量角器的度数有点小偏差。

（2）折一折，拼一拼

通过把任意三角形的三个内角用折一折的方式，发现能拼成一个180°的平角，所以能得出什么结论：三角形的内角和是180°。

（3）撕一撕，拼一拼

生：把三角形的三个内角通过撕或剪的方式取下来后，再拼一拼，也能发现三个内角正好能拼成一个180°的平角，又一次证明三角形的内角和是180°。

师：刚才同学们充分发挥了自己的聪明才智，并发扬了团体合作精神，用多种方式证明出了三角形的内角和是180°，老师这个时候可以把这个问号欣慰地改成句号了。不过老师也想和大家分享一种验证方法，大家愿不愿意了解呢？

三、文化渗透，激励进取

课件演示帕斯卡的验证法：

1. 一个长方形的四个角都是直角，所以它的内角和就是90°乘4等于360°。把长方形沿对角线剪开，可以得到两个完全一样的直角三角形，每个三角形的内角和就是360°除以2等于180°。

2. 一个任意的三角形沿它的一条高剪开，都能得到两个直角三角形，这两个直角三角形的内角和分别是多少度？（180°）那这两个直角三角形内角和相加起来是180°加180°等于360°。而再回到没有剪开之前，这两个直角是不是本来三角形的内角？不是的话，我们就用没有合并前的360°－90°－90°＝180°，得出任意三角形的内角和都是180°。

师：这就是法国著名数学家帕斯卡在 12 岁的时候验证三角形的内角和是 $180°$ 的方法。不过今天在座的每位同学也都非常出色，相信以后能更加出彩。

四、巩固知识，实践运用

1. 师：你对三角形内角和是多少度还有疑问吗？现在我们可以肯定地说三角形的内角和是 $180°$。

2. 出示答题卡，解决相关问题

师：接下来，利用三角形的内角和我们来解决一些相关的问题！

（1）看图，求未知角的度数

（2）游戏：帮角找朋友

师：刚才，我们利用了三角形的什么来解决问题？

3. 挑战题

师：看到咱们同学的思维这么活跃，老师觉得这么容易的题目不足以体现你们的智慧，所以我请听课老师出三个挑战题，同学们有信心解决吗？请各位老师出题。

（1）求出下面三角形各角的度数

① 我三边相等。

② 我是等腰三角形，我的顶角是 $96°$。

③ 我有一个锐角是 $40°$。

师：挑战成功，给予我们三十二位同学掌声。继续回到大屏幕：

（2）判断（请大家用手势判断）

① 一个钝角三角形的两个锐角之和一定大于 $90°$。（　　）

② 直角三角形的两个锐角的和等于 $90°$。（　　）

（3）选择

① 把一个三角形从一个顶点用一条直线分成两个三角形，其中一个三角形的内角和（　　）。

A. 比 $90°$ 大

B. 比 90°小

C. 大于 90°,小于 90°或等于 90°都有可能

D. 还是 180°

② 一个三角形有两个角是锐角,第三个角是(　　　)

A. 一定是锐角

B. 一定是钝角

C. 一定是直角

D. 可能是锐角或钝角或直角

五、拓展升华,求 4 边形、5 边形内角和

师:只知道三角形的一个角是 60°,能猜猜我是什么三角形吗? 三角形的内角和是 180°,那四边形,五边形呢? 请同学们在学具袋里找出一个多边形,看看能不能应用三角形的内角和是 180°这个知识求出多边形的内角和。

六、全班总结,交流收获

师:其实数学课上的动手操作是一件非常美妙的事情,通过动手操作,动眼观察,动脑思维,动嘴阐述与分享,我们能和伟大的数学家们一样,验证出一个又一个的规律、法则、定律……

愿我们的每一节数学课都能有所想,有所悟,有所获。下课!

（案例设计者:漆舟）

活动课《1 亿有多大?》教学设计

教学目标:

---

1. 经历猜想、实验、推理和对照的过程,感受 1 亿的大小,发展数感。

> 2. 在探究活动中体会、领悟、运用"化繁为简"的数学思想。
>
> 3. 在活动中积累数学活动经验,体验与他人合作、交流的快乐,有机渗透思想品德教育,激发儿童参与环保的兴趣。

教学重点：感受一亿有多大,领悟研究方法。

教学难点：通过感受一亿有多大培养儿童的数感。

教学具准备：实验报告单、计算器、纸

一、导入(2 分钟)

师：同学们,刚刚陈老师班上的两位同学吵起来了,一位同学随手丢弃了一张没有用完的纸,他的同桌觉得非常浪费,你们对这件事情怎么看?

师：是啊,虽然一张纸看起来很少,可是,如果每人浪费一张纸,一亿个人就会浪费多少张纸呢? 对,是 1 亿张。你们觉得 1 亿张纸多不多?

师：那 1 亿张纸到底有多少呢? 今天我们一起来研究一下这个问题。

二、主题探究(4 分钟)

师：大家先猜测一下,一亿张纸你觉得会有多高?

师：咱们要验证一下?

师：你们想怎样测量一亿张纸的高度呢?

生：略

师：在遇到比较困难的问题时,我们可以先把它简单化,再推导出最后的答案。这种想法其实就是一种数学思想,叫化繁为简。

师：下面就请小组成员讨论一下,测量 1 亿张纸的步骤和方法。要求如下(出示讨论方案)：

1. 测量 1 亿张纸的步骤和方法。

2. 商量小组成员的分工。保证有操作人员、记录人员、汇报人员。

师：有没有同学愿意分享下你们小组讨论的结果。

生 1：选择本子,因为已经装订好了,一本有多少页也是固定的,那么我们只要测量出一本本子的厚度,然后再想想一亿张纸会是多少本本子,再计

算出这些本子的高度。

生2：先数10张纸进行测量，再把数据乘10，算出100张纸的厚度，再乘10算出1 000张纸的厚度，继续计算，直到算出1亿张纸的厚度。

生3：测量一本书的高度，再推算出1亿张纸的高度。

师：同学们都是化繁为简的高手，陈老师为大家准备了一张实验报告单，大家可以把实验过程填写一下，方便待会儿汇报人员上台来交流。

活动记录单

一、活动名称：1亿张纸有多高？

二、活动步骤：

1. 我们组先测量了（　　　）张纸，高度是（　　　）。

2. 推算

3. 列式计算

三、结论：

三、合作实验(5分钟)

四、汇报交流(4分钟)

五、对比感受(2分钟)

师：同学们通过化繁为简这个办法已经找到了1亿张纸有多高，老师也找了一些生活中的事物与这个高度进行对比，可以更直观地感受一下。

师：珠穆朗玛峰的高度是8 844米，1亿张纸大约10 000米，比珠峰还高。原来一亿张纸居然这么多，所以，我们能随意浪费一张纸吗？那这些看似无用的纸张还能不能再利用呢？你有什么好点子吗？

师：你们真是创意无限啊，我觉得可以把你们的创意通过灵巧的双手变成现实，接下来就让心灵手巧的曹老师为你们展示变废为宝的神奇力量。

六、拓展整合(美术曹越老师执教10分钟)

师：同学们，1亿张纸被浪费的结果真的很可怕，那我们应该要怎样合理利用纸张呢？

生：写过了的纸我们还可以再利用，比如把写过了的纸进行手工利用，做成垃圾盒，还可以做成别的东西。

七、播放课件视频

师：中国为了环保，开始进行垃圾分类，而它的种类繁多，不同的纸要分类的方式也是不同的，请看动画。

八、全课小结

师：今天，我们通过活动感受了 1 亿张纸有多高，你们还可以用同样的方法去研究 1 亿张纸要耗费多少棵树木。生产 1 亿张纸需要哪些资源等等，希望大家可以把学到的数学知识与方法运用到生活当中去，下课。

（案例设计团队：陈琛、曹越、熊燕）

以上三个案例通过深度学习让儿童在各种思考和情感中相互交流，通过教师的引导和帮助，儿童能够主动去经历知识的发现、发展的过程。在这样的教学过程中，知识成为儿童能够观察、思考、探索、操作的对象，成为儿童活动的客体；儿童变成学习的主体，并形成积极的内在学习动机，成为既具独立性、创造性，又有合作精神、基础扎实的优秀学习者。

（二）"灵思课堂"的评价要求

1. 课堂教学不仅要高效，还要进行有效、持续的评价。评价的关注点不仅要注重教师的行为表现，更要充分注重儿童的课堂行为表现，要看大多数儿童能否在最大程度上实现有效学习。因此，课堂要特别加强课堂互动。对儿童而言，互动意味着心态的开放，意味着主体性的体现，个性的彰显。对教师而言，互动不仅仅意味着传授知识，还是与儿童一起分享获得知识的过程与成功的体验，包括这个过程中的相互理解、相互沟通、相互交流、相互鼓励等，教师由传统的知识传授者变成促进儿童发展的引领者。儿童是学习的主体，处于互动的中心位置。课堂中的一切互动，都以提高儿童的能力、素质为目标。儿童之间的互动有组内互动、组际互动和打破了"组"概念的全班同学参与的群体互动,这些互动都是双向的,并在教师的引导、组织下进行。儿童与教师之间主要有两个层面的互动,一是信息交流,包括知识传递和管理信息传递两个方面;二是情感交流,这两个层面的互动也是双向的。

2. 教师是课程的实施者,在课程实施过程中起着决定性作用。在核心素养背景下对数学教师课程实施水平进行评价,有利于促进教师专业发展。

3. 评价内容要关注过程性评价,注意依据授课教师的记录,包括儿童课堂表现、作业完成情况。

4. 评价目标要在知识或技能的某些方面获得进一步的拓展和提高;兴趣爱好和潜能得到进一步开发和发展;学会选择并作出决策;勇于探索、积极创新、进取向上的精神得到培养。

5. 评价方式有自评、师评、互评、家长评等。

表 2-3　"灵思课堂"评价实施细目量表

课题		执教人	评课人	班级
维度	A	B	C	D
	85—100	75—84	60—74	少量达到或未达到
因材施教	趣味性 30分	1. 目标明确。学习目标的制定明晰、正确,叙写规范,目标具体可测评。 2. 以学定教。立足儿童已有的经验基础,充分考虑儿童的兴趣,根据学习内容,挖掘各种教学资源,创设儿童感兴趣的情境,调动儿童的学习热情。 3. 因材施教。课堂教学的各个环节关注学生差异性,兼顾各个层面的学生。		
	主体性 20分	1. 活动自主。体现让儿童自主"发现问题、提出问题、分析问题、解决问题"的原则。 2. 赏识激励。关注学习过程,课堂评价及时、准确、丰富,以激励、欣赏为主。 3. 寓教于乐。教态亲切,语言亲和,方法灵活。		

续　表

维度		A	B	C	D
		85—100	75—84	60—74	少量达到或未达到
学有所获	参与度 20分	1. 互帮互学。有效进行小组合作学习。 2. 乐思善述。儿童的思维有广度和深度,勇于发表自己的观点,乐于听取别人的意见。 3. 积极参与。在学习过程中儿童积极投入,气氛活跃。			
	发展性 20分	1. 知行合一。重知识与能力的综合、过程与技能的转化、体验与品质的讨论。 2. 目标达成。体现"教、学、评"的一致性。学习目标达成度高。 3. 灵思共生。体现"灵从创生、创由灵始、灵思共生"的学科理念。			
创新性 10分		恰当运用电子白板等多媒体,理念先进,教师创教、儿童创学,课堂中有创新点。			

二、"灵思项目"让学习回归真实

儿童在教师的指导下,从自然、社会和生活中选择和确定专题进行研究,并在研究过程中通过多种渠道主动地获取知识、应用知识、解决问题。"提出一个问题比解决一个问题更重要",因此,研究性学习要把培养儿童提问质疑能力作为重要内容予以高度重视,教师在教学中设法根据教学内容并联系实际创设种种问题情境,让儿童产生知识冲突,形成悬念,激发儿童提出问题。

数学实践活动的主体是儿童,教师在活动中处于主导作用。教师可根据儿童的学习内容引导儿童去观察生活,留心生活中的数学问题。儿童根据自己的实际,自定活动主题,根据活动主题去查找资料,设计活动方案等。

表 2-4　"灵思项目"评价实施细目量表

评价维度	评价内容	评 价 标 准	状态水平描述		
			自评	组评	师评
态度情感	参与养成	1. 学习数学有积极性。			
		2. 养成认真、细致的数学学习习惯。			
		3. 建立一定的数学敏感。			
过程方法	体验	4. 体验推导过程。			
	自主	5. 能选择合适的学习方法,主动地进行类比猜想,主动地对类比结构进行迁移,主动地沟通知识之间的内在关系。			
	探究	6. 发展判断和选择的能力,形成探索规律的研究能力。			
	合作	7. 能与群体共同学习、交流,能正确评价自己和同伴的学习成果。			
知识能力	发现问题解决问题	8. 能熟练运用数学知识和能力解决生活中的实际问题。			
	表达	9. 能主动收集资料,归纳整理知识并用数学语言表达。			
综合评价					

三、"灵思社团"让学习丰富多彩

　　数学的神奇智慧和艺术般的魅力,让儿童在探索解法的过程中,亲身体验到了数学思想的博大精深和数学方法的创造力,不断地激发着儿童的数学兴趣和探索求知的欲望,因此进一步产生了对学习数学的向往,在不知不觉中将儿童引入奇妙的数学世界。趣味数学激发了孩子们的创造力。我校趣味数学社团的成立不仅是数学实践活动基地其中的一隅,更是为儿童提供一个能在实践活动中享受数学趣味,在趣味数学中提升自身认识和实践能力的舞台。使趣味数学、实践活动和数学基地三者有机融洽,也凸显我校数学实践活动基地的特色之一。

　　我校的"灵思社团"课程,从社团机构与管理、活动组织与开展两个方面进行评价,采用每周的活动开展情况评价与学期末的综合评价相结合的方式,具体评价标准如下(见表2-5):

表2-5 "灵思社团"评价实施细目量表

项目	评价标准	得分	评估方法
社团机构与管理	1. 社团管理体制完善,机构设置合理,制定符合儿童实际的社团建设实施方案。(10分)		1. 实地查看 2. 材料核实 3. 师生座谈 4. 成果展示 5. 活动巡查
	2. 建立、健全并严格执行社团各项规章制度。(10分)		
	3. 社团会员人数适合,规模适度,成员资料档案齐全。(10分)		
	4. 指导教师认真负责。(10分)		
	5. 儿童社团要突出儿童的主体性和创造性,使儿童在社团活动中自治自理、健康发展。(10分)		
	6. 社团活动空间固定,环境良好,有相应的文化建设。(10分)		
活动组织和开展	7. 定期开展社团活动,组织有序、记录完善。(10分)		

续　表

项目	评价标准	得分	评估方法
	8. 社团活动内容丰富,形式多样,体现实践性和综合性,有利于培养和锻炼儿童多方面的素质,充分再现校园文化精神。(10分)		
	9. 社团成员在集体活动中成果显著。(10分)		
	10. 活动取得良好的教育效果,在儿童中有一定的影响。(10分)		
合计得分:			

四、"灵思研学"让儿童回归生活

把数学问题生活化,生活问题数学化,让教育重归生活是数学教育的一种趋势和共识。乐享研学体验,就是倡导生活场景即课程,鼓励孩子回归生活,打通生活世界与数学世界的通道,在研学探究中快乐学习。

表 2-6　"灵思数学"研学评价表

班级:　　　　　　　小组:

姓名:　　　　　　　成绩:

评价项目		评价标准	评价结果		
			优	良	中
时间观念	守时	能否按时集合、参观、乘车			
	出勤	是否无故缺勤			
专注学习	学习态度	学习态度是否端正			
	学习准备	学习准备是否充足			

续　表

评价项目		评价标准	评价结果		
			优	良	中
	学习过程	能否及时记录			
	合作学习	能否积极与组内成员合作学习			
	小组交流	能否与他人交流分享			
	学习收获	学习成果呈现是否准确			
纪律意识	服从管理	能否服从组长管理			
	听从指挥	能否听从老师指挥			
	规范参观	能否按照安排有序参观			
文明礼仪	乘车	是否文明乘车			
	参观	是否文明参观			
	礼仪	是否注重礼仪规范			
	交往	是否和他人文明交往			
团队意识	组织	团队能否组织有效的活动			
	交流	小组内是否进行有效的交流			
	协作	团队内是否进行有效的协作			
	和谐	能否营造和谐的团队氛围			

总之，我们力图通过"灵思研学"，使儿童能积极参与数学活动，对数学有好奇心和求知欲；在数学学习过程中，体验获得成功的乐趣，锻炼克服困难的意志，建立自信心；体会数学的特点，了解数学的价值；养成认真勤奋、独立思考、合作交流、反思质疑等学习习惯，形成实事求是的科学态度。

"灵思数学"课程的基本出发点是促进儿童全面、持续、和谐地发展。它不仅考虑数学自身的特点，更遵循儿童学习数学的心理规律，强调从儿童已有的生活经验出发,让儿童亲身经历将实际问题抽象成数学模型并进行解释与应用的过程,进而使儿童获得对数学理解的同时,在思维能力、情感态度与价值观等多方面得到进步和发展。在这样的学习价值取向的引领下,需要儿童思维的高度参与,需要启动儿童高阶思维的发生,促进儿童的深度学习。课堂教学是核心素养落实的主要途径,数学活动是数学核心素养孕育的基石,数学知识技能、思想方法和情感态度是数学核心素养再次提升的平台。因此,将深度学习教学运用于数学课程,关注儿童的认知起点,为理解而教;深度加工所学知识,为思维发展而教;力求让知识结构化,为学得简单且系统而教。

课程基于儿童,能够更好地了解儿童,设计出更有利于儿童学习的好问题;课程关注思维,能够让数学学习更有意义;课程注重过程,则是儿童学习质量的保障;课程强调理解则是学习实现深度的重要指标。努力让学习发生,触摸深度学习的迷人风景,让深度学习真正发生!

（撰稿人：熊燕　漆舟　陈琛　秦章妹　陈蔚）

第三章

浸 润 学 习

内在价值的濡习

浸润学习，从字面意思来看，需要把大脑滋润在某一种学习环境、学习氛围、学习状态中。 浸润，能让课堂充满丰润之美，作为语文教师要让自己的课堂充满诗意，张扬青春的活力。 教师所面对的是一个个鲜活的个体，儿童有思想、有热情、有活力，教师给予儿童的是丰富的学科营养和高尚的道德情操，教师是儿童精神世界的引导者。理想的教育课堂要启迪儿童心智，开发儿童潜能，激发生命活力。

　　浸润学习,从字面意思来看,需要把大脑滋润在某一种学习环境、学习氛围、学习状态中。浸润,能让课堂充满丰润之美,作为语文教师要让自己的课堂充满诗意,张扬青春的活力。教师所面对的是一个个鲜活的个体,儿童有思想、有热情、有活力,教师给予儿童的是丰富的学科营养和高尚的道德情操,教师是儿童精神世界的引导者。理想的教育课堂要启迪儿童心智,开发儿童潜能,激发生命活力。浸润,使学习充满动力,使课堂充满灵性,让人怎么不爱语文? 不亲近语文? 如何把儿童的大脑调频到一个完全以学习为导向的状况下,以达成学习目标的各种实践形式,追求深层理解能力、创新能力的培养呢? 我们认为只要将文本在谋篇布局、语言组织上的特色明确清楚地告知儿童,并不断地以读的方式,让儿童来体会和感受这些特色的妙处,然后迁移到自己的写作中去,就能让我们感受到语文的本味,看到返璞归真的语文课堂。[①]“灵慧语文”就是这样,它重在让儿童通过浸润的语言环境学习语文,培养儿童语文素养,濡习内在价值,让每一个小生命更具有灵性和智慧。

　　南昌市北湖小学语文组现有教师 22 人,其中区学科带头人 2 人,中小学一级教师 20 人。教师们秉承“灵慧语文”的课程理念,以教研组为单位开展教学研究,通过听课、评课、磨课等活动,定期组织教师们参与基本功展评,充分发挥团队合作的力量,积极参加各级各类教育教学活动,使教师们基本形成了一定的教学风格,语文课堂深受孩子们的喜爱。

---

① 方莉.浸润式语文学习漫谈[J].上海:现代教学,2012,(09):32—33.

第一节　让浸润学习丰富儿童智慧

一、学科价值观

众所周知,语文学科的主要任务是培养儿童基本的语文素质。语文学科是一门教儿童学习祖国语言文字的学科,教儿童正确理解和运用祖国语言文字,会用口头语言和书面语言表情达意,达到掌握语文这门工具之目的。[①]

从语文学科的教学内容来看,语文课程的主要学习材料是母语文字语言及母语文字语言构造的文章。语文教材中无论是文学作品,还是一般性文章,都是以语言为表现手段和表达形式,不过风格各异而已。可见,语言是构成语文教材的基本材料。语文教材中选文不同,主要是为了让儿童掌握不同文体的不同语言风格。这一点,就把语文学科与政治、历史、地理等学科区分开来。

从语文学科的教学实践来看,语言性体现得十分明显。"言语——语言——言语"的模式,是古今中外人们学习母语的基本模式。这一模式道出了人类学习语言的一般规律。"浸润学习"可以将语言学习始终贯穿于儿童学习母语的整个过程。从另一角度看,语文的教学过程是从语言到学习课文内容,再到领会课文思想的过程。课文是语言的集合体,语文学科应以语言教学为核心。思维和语言的关系也是如此。

语文教学体现的是语言教学的艺术。为此,人们都十分重视语文教师的教学语言,这也说明语言性是语文学科的独特性质。我们很难想象,如果没有教师"活化"的语言,怎么能够消除疏离,沟通精神空间? 事实上,是语言把教师与儿童连在了一起;是语言把教材与儿童连在了一起;是语言把文本与儿童连在了一起。没有语言,这一切都不可能发生。让儿童始终浸润在语言的环境中去学习,其他学科都不具备语文学科这种语言的性质,从中也能看

---

① 杨俏.构建"有滋有味"的小学语文课堂[J].吉林：考试周刊,2015,(74)：49.

出语言性是语文学科区别于其他学科的根本属性之一。

二、 学科课程理念

依据《义务教育语文课程标准(2011年版)》文件精神,立足儿童身心的发展特点,结合我校语文学科儿童学习的实际情况,我们提出以"灵慧语文,科灵先行"为核心的语文学科课程理念。目前,"课程融合"已经成为现代教育发展的一种理念,融合凝聚力量,诞生新的希望。"灵慧语文"课程向我们提出了多元化的教育目标,为此,我们要跨越学科界限,开展课程融合。

"灵慧语文,科灵先行"重在激发儿童在学习语文的同时对科学产生兴趣。科学发明、科学创造都源于兴趣,兴趣能诱导儿童探索知识的奥秘,对科学产生热情和向往。因此,在语文教学时可以针对儿童对外界充满好奇和幻想的特点,结合课文内容,创设情境引发孩子思考,激发学习的兴趣。

"灵慧语文,科灵先行"重在培养儿童在学习语文的同时探究科学的意志品质。有了科学的兴趣,就有了一个良好的开端,要想攀登科学的高峰,没有顽强的、不畏艰难的意志品质是不行的。语文教材中有大量科学家的人物故事和事迹,从中我们可以学习他们孜孜不倦的科学态度和不畏艰难、追求真理的科学精神,使儿童潜移默化地受到感染、启发,从而铸造他们顽强奋斗、自强不息、不断进取的意志品质。

"灵慧语文,科灵先行"旨在培养儿童在学习语文的同时发挥想象并锻炼科技创造能力。爱因斯坦说:"想象力比知识更重要,因为知识是有限的,而想象力包括着世界的一切,推动着进步,并且是知识进化的源泉。"科技创造和想象力是分不开的,没有独特的想象就没有独特的创造。儿童的想象思维是天马行空的,我们应该鼓励他们大胆想象。语文课上,我们不但要训练儿童的语言和写作水平,更重要的是在孩子们心里埋下科学的种子,放飞他们的想象,逐步培养科技创造能力。

在语文教学活动中,立足于儿童语文素养培养的同时,从多角度挖掘教材中蕴含的科技因素,因势利导渗透科技教育,在学习语言文字的同时,也让儿童在学习中学会细致观察、科学分析、创新思考、大胆实践，兴趣盎然地探索无限美好的科学大世界，正是我校科技特色在语文学习中的体现。

第二节　让多彩学科丰盈儿童人生

《义务教育语文课程标准(2011年版)》中明确要求：在发展语言能力的同时，发展思维能力，学习科学的思想方法，逐步养成实事求是、崇尚真知的科学态度。能主动进行探究性学习，激发想象力和创造潜能，在实践中学习和运用语文。《国家基础教育课程改革纲要(试行)》也提出：课程改革的目标之一，就是要培养新一代公民具有"初步的创新精神、实践能力、科学和人文素养以及环境意识"。现行的新教材因此增加了不少科学、科普类作品，内容涉及面更广了，知识接触点更新了。这些文章承载着普及科学知识，激发学生热爱科学、探索科学奥秘的兴趣，提高学生阅读科普文章的能力等功能。我校作为一所科技特色的示范学校，结合语文学科课程制定了以下目标。

一、学科课程总体目标

语文是小学阶段重要的学科之一，如何在语文教学中渗透科技教育，成为摆在语文教师面前的一个课题。俗话说"润物细无声"，在教学中渗透科技教育，应该要结合学科特点，紧扣教材，从细微处入手，在课堂中潜移默化地对儿童进行科学素养的培养。

在小学语文教材中，科普类课文占了相当大的比例。这些课文内容丰富，从植物到动物，从天文到地理，再到现代科技，几乎无所不有；文体类型丰富，有儿歌、童话、科普小品及比较典型的说明文，适合不同年龄阶层的学生学习。教学这类文章时要让儿童读懂知识，读出情味，品析语言，悟出方法，学会表达；通过课文拓展儿童的知识面，让他们学习作者介绍这些知识所运用的方法,培养对科学的兴趣,实现语言、知识和精神的有机统一。在此基础上,教师还可以进行形式的变换,把知识,语言及表达方法进行重新组合、加工,转化为新的语言,以提高儿童的语文素养。

　　语文活动是丰富多彩的,教师要善于结合语文教学任务,抓住教材里的科学知识点,组织开展不同的语文活动,搭建展示的平台,让儿童充分展现自我。如:进行科学儿歌朗读比赛;开展各种科学资料的收集,并用手抄报的形式进行班上展示;指导写观察日记;组织儿童在课余时间参加各级各类的科技比赛等等。通过开展丰富多彩的语文活动,儿童在活动的过程中愉快地学习科学知识,培养科学想象能力。吸引儿童的同时,也为他们提供了一个很好的展示平台,激发了他们爱科学、学科学的兴趣,并创设了一个自由而宽松的环境,为有科技潜力的儿童提供了进一步发展机会和条件。

二、 学科课程年段目标

(一) 低段目标:"激情趣"

　　根据儿童的年段特征差异与阅读能力的高低,科普类文章的教学目标也不同。低年级儿童形象思维占主导地位,因此科普童话是最适合学习科普知识的文体。教授这一类的文章,教师不能将目标一味定位为了解科普知识,强化知识的准确性,拓展相关知识等方面,而是要先重在认识字词句,把语言基础打好,再通过教学调动起儿童的情感,以文中生动的人物形象,有趣的对话,丰富的故事情节,精美的插图,让他们喜欢阅读科普文,感受阅读科普文的乐趣,达到寓教于乐的效果,为以后学习深奥的科普文打好基础。

(二) 中段目标:"读中演"

　　用"声情并茂"来形容中段的课堂是不为过的,由于科普童话的题材,中段的教师也较容易组织教学,把科普文上出语文味,读一读、演一演、猜一猜,多种多样的教学活动让儿童也乐于读这类文章。

（三）高段目标："明知识"和"品中学"

高段儿童已具备一定的自学能力,具有较强的理性思维以及阅读分析能力,同时好奇心强,善于表达自己的观点。因此面对课文内容缜密、信息量大的高段科普文,除了要明确文章严谨的科普知识外,还要明了文章环环相扣、条理清晰的说明方法。既要培养儿童良好的阅读习惯,又要培养他们的语言表达能力及实践拓展新知的意识。

明确了不同年段儿童的特点,然后针对课文内容进行分析,想想他们需要学什么,什么知识已经会了,什么能力是需要教师去指点训练的,就能准确把握不同阶段科普文的教学目标了。

高段语文训练,对于语文能力的提高,语文学习方法的掌握,语文素养的培养就要更加理性化了。教学时教师要带领儿童品味文字,揣摩语言,体会作者严谨的科学态度和扎实的语言功底,引导儿童学习科普类说明方法。阅读说明性文章,学生要能抓住要点,了解文章的基本说明方法。在教学此类文章时,说明方法的渗透是必不可少的,但不可直接把这些概念：比较、引用、举例子、打比方、列数据扔给学生。

三、 课程具体目标

（一）知识与技能目标

如：说明性文章的学习,教师须抓住要点,让儿童了解基本的说明方法。教学科普类课文,切勿上成科学课,应注重语文素养的培养,即通过对语言文字进行详细地分析,帮助儿童领悟其中内容,并形成听说读写能力。同时突出科普类课文的特点,针对不同的文体可设计相应的教法。

（二）过程与方法目标

1. 品析词语,加强语言生动性的训练

小学阶段的科普类课文,大多通过介绍客观事物向儿童渗透科学知识,这类课文在语言方面的最大特点是选词考究,表义准确。教学中,教师应抓住重点词语,引导儿童阅读、品析,感悟讲述的客观性,领悟文章用词的精妙。

2. 明确关系,加强语言逻辑性的训练

科普类课文还有很多是借助事物间的联系来渗透科学知识的。教学中教师可抓住相关的内容,引导儿童懂得事物间的联系,把思维的逻辑性训练与语言的逻辑性训练有机地结合起来。

3. 理清关系,加强语言条理性的训练

条理清晰也是科普类课文的重要特点。教学中教师可引导儿童把握整体,理清顺序,从而进行语言条理性的训练。

4. 探究写法,加强语言具体性的训练

教材中的科普类课文,都是根据儿童心理认知特点,通过细致的叙述使抽象的知识具体化,枯燥的常识形象化,教学中教师可让儿童模仿练习表达,加强这方面语言具体性的训练。

5. 有效拓展,学会表达

教师要根据文本特点,适度拓展,创造性地设计语言实践活动,让儿童在语言实践中活用说明方法,内化语言。

(1) 拓之有度

一篇课文所涉及的知识是有限的,为加深儿童对该事物的了解,适度的拓展是必要的。教师在上课前,要对一些难以理解的知识,适当地搜索相关资料,帮助儿童更好地理解课文。通过对课文的适当拓展,丰富课文内容,让课堂更具深度。

(2) 激发探索求知的兴趣

儿童的学习兴趣受自身情绪与外在环境的共同影响。课堂教学氛围轻松、愉悦、和谐、融洽,会使儿童产生积极的情感体验和愉悦的学习情绪,使大脑皮层处于最活跃最兴奋的状态,而他们也会积极调动非智力因素参与学习活动,激发和培养自己的学习兴趣。

（三）情感与态度目标

小学语文教材所选的科普类课文一般融知识性与趣味性于一体,对于儿童来说,抽象思维能力不够,他们对感性的知识比较容易理解,对于有认知难度的科普知识的理解还是存在一定的难度,如果教师此时一味地灌输,只会增加儿童理解上的困难。俗话说:"读书百遍,其义自见",只有充分阅读,才能让儿童真正地感知内容,获得知识,习得方法,拓展思维。让儿童在充分阅读的基础上再进行理解比盲目灌输的效果要更好。

科普类课文基本上都没有情节,且语言简练,相对比较枯燥。语文老师当着力挖掘课文的情感因素,带领学生与文本对话。

四、 语文课程年级目标

表 3-1　1—6 年级语文课程目标

年级		课 程 目 标
一年级	上	1. 指导儿童能借助课文插图和拼音正确、流利地读准课文,学会积累气象名称汉字,如:阴、晴、雨、雪、雹、霜等。 2. 通过认识生活中的各种气象名称汉字,激发儿童初步了解中国汉字的奇妙,并在识字中获得气象知识。 3. 结合中国汉字的演变,让儿童演一演气象汉字的变化,让科学知识更有语文味。
	下	1. 指导儿童有感情地朗读课文,并从中感受科普文章的趣味性。 2. 掌握本学期教材中的科普类小常识,如:动物的尾巴有什么作用。训练儿童用"我"知道哪种动物的尾巴有什么本领这样的句式说话,并设计课本剧《比尾巴大会》。

年级		课　程　目　标
二年级	上	1. 让儿童了解动物幼体时期与成熟期的区别及变化的原因。引导儿童找关键性的过渡词语,感受作者语言表达的魅力。 2. 激发儿童对周围事物的好奇心,了解生活中感兴趣的小动物成长过程,并把它们的变化过程制作成绘本,比一比谁做的绘本最有趣。重在培养儿童用准确、精炼的语言表达动物演变的过程。
	下	1. 结合语文学习,观察大自然,用口头或图文等方式记录自己的观察所得。收集各种不同的昆虫制作标本。学会给昆虫分类,找出它们的汉字规律。 2. 拓展:给小昆虫们制作身份卡片,配上文字介绍和图画。在班上开展昆虫科普会,充分培养儿童收集资料和口语交际的能力。
三年级	上	1. 本学期教材中的科普文涉及让儿童了解牛胃的特殊构造及功能,知道牛吃东西会反刍。 2. 结合所学知识点,引导儿童能有条理地说清楚文章内容。结合课文和生活实际了解课文中难懂词句的意思,在阅读中积累科学性词语。 3. 鼓励儿童共读科普童话绘本系列丛书(动物、植物主题),引导他们走进动物、植物世界,一边读一边提问题,培养儿童的思考能力。
	下	1. 正确、流利、有感情地朗读课文,感受阅读的乐趣,养成爱护书本的好习惯。 2. 由课文《赵州桥》引导儿童走进中国传统建筑文化。从时间和空间上感受作者在写作时的用词准确以及语言表达的魅力,从而激发儿童对古代劳动人民的赞美之情。 3. 结合语文学习,初步指导儿童仿照课文写作,写一写我理想中的桥,重在训练他们介绍事物的条理性。

续　表

年级		课　程　目　标
四年级	上	1. 通过学习,让学生了解飞机能在夜间安全飞行是从蝙蝠身上得到的启示,知道蝙蝠和雷达之间的关系。 2. 阅读时尝试从不同的角度去思考,在不懂的地方提出自己的问题。 3. 阅读《十万个为什么》,了解有哪些发明是受动物启发而产生的,并明白其工作原理。鼓励儿童观察身边的动物,从动物身上提炼有效信息,尝试进行小发明,带到学校交流共享,激发儿童从小爱科学的兴趣,培养创新意识,以及乐于读书,善于查找搜集资料的能力。
	下	1. 默读课文,能简明扼要地介绍恐龙飞向蓝天的演化过程。能体会课文准确的表达,学习用对比列举的方式介绍事物。 2. 阅读时能在不懂的地方提出自己的问题,并试着解决。 3. 共读《海底两万里》系列丛书,帮助儿童理解什么是科幻,激发大家的想象力。选择其中不理解的地方进行提问,并试着解决。 4. 在生活中,激发学生的想象力,培养学生的创新意识。让学生展开奇思妙想,写自己想发明的一种神奇的东西。
五年级	上	1. 品析中渗透科学知识,利用客观事物的介绍向儿童渗透科学知识,抓住重点词语的理解,引导儿童阅读、品析、感悟文章表述的客观性,领悟文章用词的精妙。 2. 搜集感兴趣的事物资料,仿照课文写一写科普性的说明文,重在训练儿童用上所学的说明文表达方法。
	下	1. 本学期重在通过语言文字进行详细的分析,帮助儿童领悟其中的科学内容,并形成听说读写能力。 2. 理解课文内容的基础上,学习认真观察、分析的态度和正确的思考方法。 3. 按一定的顺序介绍生活中蕴含的科学道理。

年级		课　程　目　标
六年级	上	1. 引导儿童珍惜资源,保护环境,从身边的小事做起。如:尽量不使用一次性物品,实行垃圾分类,注意节水节电节约纸张。 2. 拓展:指导吟诵背诵《诗经》,通过语调、韵律、节奏等体味作品的内容和情感,并通过图片认识诗中的草木,走进公园、大自然认识相关草木,给草木做名片。
	下	1. 本学期可根据儿童的心理认知特点,通过细致的叙述使抽象的知识具体化,枯燥的常识形象化。培养儿童在教材中有限知识的基础上,搜集相关资料,更好地理解科普类课文。 2. 以观促写,儿童能够通过仔细观察形成文字,学习探究科普文章的写法,加强语言表达准确性、逻辑性的训练。

第三节　让唤醒渐进激发儿童潜能

　　基于"灵慧语文"的学科课程理念和课程目标,我校语文课程设置分为基础性课程和拓展性课程两类。基础性课程旨在培养学生终身发展和适应未来社会所需的共同基础,拓展性课程主要满足学生的个性化学习需求,培养学生的兴趣爱好,开发学生的潜能,促进学校办学特色的形成。

一、学科课程结构

　　依据国家教育方针政策,我校基础性课程,主要以国家统编教材为教学媒介,不折不扣执行国家课程。拓展型课程则依托我校特色资源、教师、学生及其他因素,分为识字写字、阅读品味、口语交际、习作表达、综合性学习、科普实践六大类,具体表述如下:

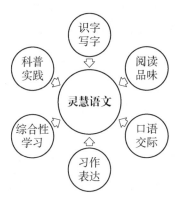

图 3-1　语文学科课程结构

（一）识字与写字

学习内容是小学各阶段要掌握的生字。识字的过程，是吸收民族文化智慧，提高文化品位的过程。要根据儿童年龄特点和学习心理特点，让他们在具体的语言环境中识字，恰当运用多种识字的方法，逐步培养儿童的识字能力。培养良好的写字习惯，重视书写的正确、端正、整洁，激发儿童写字的兴趣，增强儿童写字的自信心，提高儿童写字的能力。在此过程中，发展儿童的思维，培养儿童的创造力，并陶冶儿童的审美能力。具体做法如下：1. 在教学推进中分步识字；2. 在创设情境中分类识字；3. 依托语场，多向辐射灵动识字。

（二）阅读品味

学习内容为适龄儿童文学名著、文学作品及日常的书报杂志等。在《义务教育语文课程标准(2011 年版)》中指出："阅读是儿童个性化行为，不应以教师的分析来代替儿童的阅读实践，应让儿童在主动积极的思维和情感活动中，加深理解和体验，有所感悟和思考，受到感情熏陶，获得思想启迪，享受审美乐趣。"因此教师充当引导者的角色非常重要，能发挥儿童的主体作用，使其主动阅读、热爱阅读、享受阅读，养成良好的阅读习惯。具体做法如下：展开对话，丰富阅读实践；开拓资源，保证阅读质量。

（三）口语交际

学习内容以教材中的口语交际内容为主。现在的儿童生活内容更加丰富，接收信息的渠道更多，与人交流时基本上"言之有物"，但缺乏"言之有序"，缺乏良好的交际态度和听说习惯。因此，培养儿童的口语交际能力是当前小学语文教学的重要任务。教师应做有心人，时时留心观察儿童，当儿童受到外来影响而兴奋或产生感情共鸣时，教师应趁热打铁，抓住时机进行交际训练。逐步使儿童从老师"要我说，要我听"变成"我要说，我要听"。

具体做法如下：重视课内引导，每一位语文教师要充分认识到口语交际教学的重要性，上好每一堂口语交际课。注重课外延伸，鼓励教师将儿童口语交际的训练放在真正的生活情景中开展。重视激励性教学评价，增强儿童口语交际兴趣。

（四）习作表达

学习内容为小学阶段各类的习作活动。小学生作文的实质是练习用笔来表达。在儿童已经学会用口语的基础上，要让儿童学会用笔来表达，实现口头到笔头的转化。教师要引导儿童写生活中的真人、真事、真情和真景。生活中的作文材料很多，但生活中的人、事、情和景对于初写作文的儿童来说，往往缺少"抓"和"写"的意识，需要老师或家长的点拨、揭示加指导。具体做法如下：观察——阅读——积淀——模仿——多说——勤写——互改。

（五）综合性学习

综合性学习是以语文课程的整合为基点，加强语文课程与其他课程的联系，强调语文学习与生活的结合，以促进儿童语文素养的整体推进与协调发展。它既能体现儿童的身心特点，又能体现语文知识的综合运用，听说读写能力的整体发展。根据课程标准,我们采取了以下策略：开展语文综合性学习优化语文课堂;开展语文综合性学习优化课内外衔接;开展语文综合性学习优化大语文学习;结合我校项目课程开展综合性学习,以拓展综合性学习的深度与广度。

（六）科普实践

以语文课本中的科学课文为平台,把握挖掘教材中的科技"含量",对儿童进行有效的科学知识训练,拓宽语文学习领域和范围,使之与科学有效的融合,让儿童既掌握语文知识,又丰富科学常识,更能促使儿童探究能力的提高,达到既提高儿童语文素养,又提高儿童科学素养的目的。

具体做法如下：激发兴趣,培养儿童主动探究的意识;鼓励质疑,培养儿童实验探究能力;拓宽渠道,多种形式渗透科学知识,提高儿童的科学素养。补充与教材内容的相似文章,丰富儿童的科技书籍等。

二、 学科课程设置

表 3-2 语文学科课程设置

课程维度	课程安排	课程目标	拓 展 课 程				
			科普实践	识字写字	阅读	口语交际	写话	综合性学习
一年级	上学期	1. 认识常用汉字 300 个,会写其中的 100 个。 2. 掌握汉字的基本笔画和常用的偏旁部首,能按笔顺规则写字。把字写得正确、端正、整洁。	《奇妙的汉字》	儿歌拍手唱	一起读绘本	用多大的声音说话	看单幅图说话	1. 我们爱秋天 2. 认识蔬菜的名字

续 表

课程维度	课程安排	课程目标	拓展课程					
			科普实践	识字写字	阅读	口语交际	写话	综合性学习
		3. 学会汉语拼音,能读准声母、韵母、声调和整体认读音节,能准确地拼读音节,正确书写声母、韵母和音节。 4. 学习用普通话正确、流利地朗读课文,对读物中感兴趣的内容有自己的感受和想法,乐于与他人交流。						
	下学期	1. 掌握汉字的基本笔画和常用的偏旁部首,能按笔顺规则用硬笔写字,注意间架结构。初步感受汉字的形体美。 2. 养成正确的写字姿势和良好的写字习惯,书写规范、端正、整洁。 3. 认识课文中出现的常用标点符号。在阅读中,体会句号、问号、感叹号所表达的不同语气。	《神奇的尾巴》	识字开花	儿歌读诵	有趣的动物	打电话	1. 我们身边的垃圾 2. 与蔬菜对话

续　表

课程维度	课程安排	课程目标	拓展课程					
			科普实践	识字写字	阅读	口语交际	写话	综合性学习
二年级	上学期	1. 认识课文中出现的常用标点符号。在阅读中，体会句号、问号、感叹号所表达的不同语气。 2. 会使用音序查字法，学习用部首查字法查字典，培养独立的识字能力。 3. 喜欢阅读，对阅读有兴趣。学习用普通话正确、流利、有感情地朗读课文。能背诵指定的课文和自己喜欢的课文片段。 4. 能联系上下文和生活实际，了解课文中语句的意思，在阅读中主动积累词语。	《小蝌蚪找妈妈》	词语对对碰	我爱听童话	听故事，讲故事	看多幅图讲故事	1. 动物乐园 2. 老游戏玩起来
	下学期	1. 喜欢阅读，对阅读有兴趣。学习用普通话正确、流利、有感情地朗读课文。能背诵指定的课文和自己喜欢的课文片段。 2. 能联系上下文和生活实际，了解课文中语句的意思，在阅读中主动积累词语。	《小毛虫》	字典大联盟	好天气，坏天气	注意说话的语气	介绍好朋友	1. 汉字的故事 2. 唱儿歌跳皮筋

续　表

课程维度	课程安排	课程目标	拓展课程					
			科普实践	识字写字	阅读	口语交际	写话	综合性学习
三年级	上学期	1. 掌握字的间架结构和书写规则。 2. 会使用字典,学习使用词典,有初步的独立识字能力。开始练习用钢笔书写正楷字、用毛笔描红。 3. 学习联系上下文,借助字典、词典和生活积累,理解词句的意思;体会课文中关键词句在表达情意方面的作用。	《在牛肚子里旅行》	汉字背后的故事	听秋的声音	请教	猜猜他是谁	1. 感恩父母 2. 桥梁知识我知道
	下学期	1. 初步把握文章的主要内容,体会文章表达的思想感情。 2. 训练学生逐步学会阅读,培养阅读能力。 3. 能借助汉语拼音读准字音,分析记忆字形,看图或联系上下文理解词义。 4. 重视形近字、同音字的比较,加强边读边写,试默自查,重视在口头语言和书面语言的运用中掌握所学的生字。	《桥的世界》	猜字谜	大自然的奥秘	劝告	奇妙的想象	1. 中华传统节日 2. 架起爱心桥

续　表

课程维度	课程安排	课程目标	拓展课程				
			科普实践	识字写字	阅读	口语交际	写话	综合性学习
四年级	上学期	1. 会使用字典、词典、有初步的独立识字能力。 2. 能使用硬笔熟练地书写正楷字，做到规范、端正、整治。使用毛笔临摹正楷字帖。 3. 能联系上下文，理解词句的意思，体会课文中关键词句在表达情意方面的作用，能借助字典、词典和生活积累，理解生词的意义。 4. 能初步把握文章的主要内容，体会文章表达的思想感情。	《蝙蝠和雷达》	形近字我会辨	名人故事	小小新闻发布会	见字如面	1. 走进田园 2. 水果研究乐园
	下学期	1. 在理解语句的过程中，体会句号与逗号的不同用法，了解冒号、引号的一般用法。 2. 积累课文中的优美词语，精彩句段，以及在课外阅读和生活中获得的语言材料。 3. 尝试在习作中运用自己平时积累的语言材料，特别是有新鲜感的词句。	《飞向蓝天的恐龙》	观察汉字的结构	大自然的启示	做个文明游客	发明源于自然	1. 大自然之仿生学 2. 水果拼盘

续　表

课程维度	课程安排	课程目标	拓展课程				
			科普实践	识字写字	阅读	口语交际	写话	综合性学习
五年级	上学期	1. 掌握正确的读写姿势，并养成习惯。 2. 培养积极发言专心倾听的习惯。 3. 能认真听别人讲话，能讲述课文所写的故事，能当众说话，愿意与别人进行口语交际等。	《什么比猎豹的速度更快》	墨韵书法	春光如画	传统节日	金色童年	1. 遨游汉字王国 2. 造访"海昏侯"
	下学期	1. 学习有顺序、细致地观察图画和事物，写简短的记叙文和想象性作文，能修改自己的作文。 2. 能阅读程度适合的少年儿童读物，了解主要内容。	《童年的发现》	铁画银金钩书春联	诗情画意	父母之爱	精彩瞬间	1. 走进信息世界 2. 南昌街名背后的历史人物
六年级	上学期	1. 借助拼音识字，会写80个生字，理解语言环境中的字义，并能正确书写。 2. 背诵指定的课文和自己喜欢的文段。 3. 学习浏览，能初步了解查找资料，运用资料的方法，根据需要搜集相关的信息，并按一定的标准分类。	《只有一个地球》	汉字发展	名著采风	小小销售员	妙笔生花	1. 轻叩诗歌的大门 2. 舌尖上的南昌美食

续 表

课程维度	课程安排	课程目标	拓展课程					
			科普实践	识字写字	阅读	口语交际	写话	综合性学习
	下学期	1. 在阅读中学习一些读写方法：展开联想和想象进行表达的方法，体会关键词句在表情达意方面的作用；环境描写和心理描写；读课文时能联系实际，理解含义深刻的句子。 2. 会使用字典、词典进行识字，有一定独立识字的能力。 3. 学习用较快的速度读课文，并能抓住文章的大意。 4. 能用钢笔书写楷书，行款整齐，并有一定的速度。能用毛笔书写楷书，并体会汉字的优美。	《表里的生物》	汉字听写大赛	与书为侣	难忘的『第一次』	毕业告别	1. 成长足迹 2. 品美食，访古街，寻历史

第四节 让灵慧言语唱响儿童心声

汉语作为儿童的母语，它不仅是一种语言，还是最重要的文化载体，承载着民族的事、理、情、态，表现着民族精神、民族情操、民族审美情趣等丰富的民族文化。母语教育一直以来有着"基石"的地位，语文被称为"百科之母"，学校要通过母语教育，培养有灵性的中华传人。"灵慧语文"课程就是在这一背景下,依据学科课程、课程目标、课程设置,结合学校现状设置的。

一、"灵慧语文"课程要义和要求

九年义务教育阶段的语文课程,必须面向全体儿童,使他们获得基本的语文素养。语文课程还应通过优秀文化的熏陶感染,促进儿童的和谐发展,提高他们的思想道德修养和审美情趣,使他们逐步形成良好的个性和健全的人格。"灵慧语文"课程引领儿童发现语言的美,提升儿童的语文素养,"灵慧语文"课程传承我校丰厚的文化底蕴,致力于让每个孩子乐于求知,致力于让每个孩子涵养气质。

"灵慧语文"课程的基本要求须体现六个关键词:

开放:教育思想要开放大气,尊重儿童主体地位,关注个体需求。

丰富:教育内容丰富多彩,创造性使用教材,促进儿童综合能力发展。

立体:教育过程三维立体,教师要注重教育过程的全面性、层次性、阶段性。

灵动:教育方式灵活动态,做到课内和课外相结合,接受与探究相结合。

缤纷:教育评价精准到位,评价方式多种,评价语言多样。

合作:教育过程提倡合作,合作是一种很好的共同进步模式,也会营造一种民主、宽松、和谐的氛围。

二、"灵慧语文"课程的操作实施

夯实"灵慧语文"课程教学,优化"灵慧语文"文本课程。

(一)"灵慧语文"课程的操作

语文课程应特别关注汉语言文字的特点对儿童识字写字、阅读、写作、口语交际和思维发展等方面的影响,语文学习应注重听说读写的相互联系。"灵慧语文"必须落实"双基",让课程达到工具性和人文性的统一。儿童要能通过阅读实践去整体感悟,体验情境,把握意蕴,品味语言,积累知识,提高语文知识的综合运用能力,使语文教学由浅入深,循序渐进,达到读写听说能力的整体发展。以阅读为中心,带动语文知识的积累。建立特色建设的理念:讲究积累、积淀,大量读书,整体感悟,举一反三,重视积累。我们按照"灵慧语文"课程的思路将一至六年级的课程科创训练进行了重新的梳理和规划。每个年级都根据儿童认知特点和课标要求进行了内容的划分,并从中选取最典型的文本作为"灵慧语文"课程科创训练的材料,立足课堂,进行灵慧言语课程实践。

案例一

《小毛虫》教学设计

教学目标:

1. 正确认读"昆、怜"等16个生字;正确描写"整、抽"等8个生字。
2. 正确朗读朗读课文,在阅读中理解并积累"生机勃勃、尽心竭力"等词语。
3. 能运用"边读边思,展开想象,抓住关键词句"等方法理解课文内容。
4. 懂得在任何时候都不能悲观失望,要尽心竭力做好自己的事的道理。

教学重难点:

1. 正确朗读课文,识记、书写生字。
2. 能通过有关词句,讲述小毛虫的经历,并懂得在任何时候都不能悲观失望,要尽心竭力做好自己的事的道理。

教学设计:

一、导入

师:今天老师带来了许多昆虫界的好朋友,这是_____,这是_____,

这是毛毛虫。这节课我们学习关于它的故事,伸出手指与老师一起书写课题。板书课题:22.小毛虫　齐读

二、初读课文

(一)师:请同学们打开课本,翻到96页,自由读一读课文。注意读书要求(出示要求)。

(二)学习生字词

1.(出示生字词)读完了,现在老师来考考大家生字词有没有掌握了。

指名读(每人一行),多音字:尽管、尽心竭力(齐读)

2. 现在这些生字想与你们交朋友,还认识它们吗?同学互相读一读,讨论怎么记住它们的。

3. 游戏:打气球

都记住了,那我们现在来做个游戏考考大家。

4. 生字词掌握得不错,现在我们来写一写这3个字。首先请大家观察,你发现了什么?

练习写字:和老师一起书写"编"字,另外两个字同学自己描一个写一个吧。(巡视、评价)

三、学习第一自然段

1. 师:生字词掌握好了,同学们真不错。现在,我们走进课文。老师想请一位同学读第一自然段。其他同学边听边想这是一条怎样的小毛虫?(贴毛虫)正音:打量

2. 交流:那这是一条怎样的小毛虫呢?(板书:可怜)你从哪里看出了他可怜?(指名读)如果其他昆虫与小毛虫一样不会唱,不会跳,不会跑,不会飞,还会觉得小毛虫这么可怜吗?那其他昆虫在干什么呢?(出示第一句)齐读

3. 脑海中出现了哪些小昆虫?谁在唱,谁在跑,谁在飞?还有谁在干什么?(节奏快)多么活跃,多么充满生命力,这就是生机勃勃(贴)。谁来读一读(评:我仿佛看到了一群欢快的小昆虫。)谁再来试一试。

4. 评:多么生机勃勃的画面啊,而这条小毛虫呢?(出示第二句)。谁来

读？他可怜吗？（可怜）那请你带着感情再读读。

男女生对比读（男生来做这些欢快的小昆虫，女生来做这条可怜的小毛虫。）

四、学习第 2 自然段

1. 师：小毛虫不会唱，不会跑，不会飞，他会干什么呢？谁来读第二自然段？

2. 他会干什么呢？（爬）怎么爬？（出示第一句）谁来读？

九牛二虎之力（贴），九头牛加上两只老虎的力气，这是多大的力气啊！师生合作读。

小毛虫费了九牛二虎之力，才挪动（板书）_____

（师）_____才_____（生）_____

小毛虫_____（师）_____才_____（生）_____

3. 就这样，小毛虫一点一点慢慢地挪动。出示第二句，齐读。

爬的时候，小毛虫在想什呢？（真慢呀、真累、辛苦），带着这份辛苦和劳累读第二自然段。

五、学习第 3、4 自然段

1. 师：尽管如此……他是怎么想的，怎么做的呢？默读 3、4 自然段，用横线画出小毛虫是怎么想的，用波浪线画出它怎么做的。（提醒：默读不动嘴，不动手指）

2. 他是怎么想的？贴：每个人都有自己该做的事情。

3. 小毛虫该做的事情是什么呀？（抽丝、纺织、编织、茧屋）板书：抽丝纺织　　贴：茧屋

4. 师：小毛虫是怎样去工作的呢？请一名朗读最好的同学来读第 4 自然段。

5. 小毛虫是怎样工作的？一个词（尽心竭力）尽和竭是一对近义词，都表示"用尽"。用尽了心思，用尽了力气去抽丝纺织。天还没亮小毛虫就起床了，在抽丝纺织。他织呀织呀，中午到了，烈日炎炎，小毛虫还_____。他织呀织呀，_____，天黑了，小毛虫_____；他织啊织啊，蚂蚱邀他去玩，

小毛虫说_____。他织呀织呀,小毛虫腰酸背痛,但他心里想_____。他织呀织呀,最后把_____。

(板书:温暖)

六、复述这段故事

师:(手指板书)看可怜的小毛虫,现在住在了温暖的茧屋,这是因为她懂得了_____。

多可爱多乐观的小毛虫啊,小朋友们可以借助黑板上的内容,把这段讲给同学听吗?这个故事还没讲完,下节课我们再继续学习。

七、板书

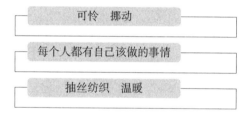

可怜　挪动

每个人都有自己该做的事情

抽丝纺织　温暖

(案例设计团队:杨婷、廖红妮、郭鸣思)

案例二

习作《我做了一项小实验》

教学目标:

1. 能运用"先……接着……然后……最后……"这样表示顺序的词语进行有条理地表达,把实验过程说清楚,进而写下来。

2. 通过分享科学实验报告,培养学生在情境中获取习作素材的能力。

3. 写出当时做实验的心情或者有趣发现。

重点难点：

1. 教学重点：写清楚实验过程,词语运用合适

2. 教学难点：注意条理表达,用词准确。

教学课时：

1 课时

教学过程：

一、师生交流,激趣导入(课件出示 1)

师：今天这一节课,我们来上习作,这次的习作可和平时不一样,我们的习作将和科学紧密结合,主题是：我做了一项小实验。(提前板书：我做了一项小实验)

二、创设情境,进行习作之前的交流

1. 热身

师：相信大家在这之前做过不少小实验,可以和大家分享一下吗？说说你的实验名称,或者是说你在做实验的过程中觉得最有趣的地方。(预设：学生简单地交流自己做过的实验名称、步骤等)

2. 分享科学实验报告

师：看来大家都是勤于动脑、热爱科学的孩子。昨天,老师给你们发放了一张科学实验报告单,这张报告单可以帮你们更好地梳理自己做过的实验。

填写好了的同学请举手。

请大家同桌之间互相说一说：你的实验报告单是怎么写的？待会儿老师请说得好的同学上台来说。

三、借助实验报告,学生讲述自己实验的过程,引导学生学习恰当的表达方式

1. 师：通过这张实验报告表,我们发现有四个方面要注意,是哪几个方面呢？学生说：实验名称、实验准备、实验过程、实验结果。

在这四个环节中,你们认为哪一个环节是重点？其中"实验过程"是重

点。为了写好这个习作,我们要把实验的过程讲述清楚。

2. 学生借助实验记录表,同桌之间尝试着说说自己做实验的过程。

3. 每组至少请2—3个学生代表进行全班发言,师在学生说的过程中,发现问题,总结方法。(将学生代表的科学实验报告单进行投影)

四、各抒己见,老师进行习作方法指导

1. 师:刚才各位小朋友的发言都很精彩,要把这次的习作写好,我们回顾了自己曾经做过的科学小实验,并填写了科学实验报告单。要把这一张张科学实验单变成一篇篇美文,如果只是按照实验单上的内容,誊写下来,是否可行?

2. 大家说说有什么方法值得学习和注意。预设1:用"先……接着……然后……最后……"这样的句式,老师及时板书(板书:"先……接着……然后……最后……"),并提出肯定,这样说会特别有条理,实验的顺序显得清晰。

预设2:还可以写一写自己做实验时的心情、实验中的有趣发现。(这样写,能)

预设3:可以写一写实验的原理和在做实验的过程中的收获。师相机板书

五、总结

师:今天短短的习作指导课,我们通过一张张科学实验单回忆了自己做过的小实验,还学会了怎样把实验报告单上的内容写成一篇篇优秀的好文章。希望大家在以后的生活中勤观察、多动手、善思考,做一个生活小达人!

(案例设计团队:甘海燕、廖红妮)

《四季之美》教学案例

教学目标：

1. 会认"窠、旷"等 6 个生字,会写"黎、晕"等 9 个生字,会写"黎明、红晕、彩云"等词语。

2. 正确流利地朗读课文,背诵课文,体会作者笔下四季之美的独特韵味。

3. 学习本文按照时间顺序描写的写作方法。

教学重点：学习按照时间顺序描写的写作方法。

教学难点：体会作者笔下四季之美的独特韵味。

教学过程：

一、导入

师：花红柳绿的春天,接天莲叶无穷碧,映日荷花别样红的夏天。你觉得美吗? 层林尽染的秋天,银装素裹的冬天,你喜欢吗? 这样的一年四季确实美,可是太寻常了。这节课一起走进清少纳言的文章,看看他眼中的四季有怎样独特的韵味? 把书翻到 94 页,一起学习。板书课题：22.四季之美(注意美的写法)齐读课题。

这是一篇优美的写景散文,请大家拿起书大声地读,要求读准字音,读通顺每句话,还要想想每段讲了什么。

二、初读课文,学习生字

师：我发现很多同学被这篇优美的文章吸引住了,朗读得很投入。接下来检查一下,你们是否读通课文,谁来读这几个句子?

评价：生 1 声音洪亮,"窠"是什么意思?

生 2 你的朗读让我心情愉快,心旷神怡。

生 3 咬字准确,凛冽说明非常寒冷。

生 4 不错,难不倒大家。

师:课文读通顺了,那开始的问题解决了吗? 每段讲了什么? 用文中的话概括段意。这是每一段的第一句,也是每段的总体句,看到这些句子不难发现课文是按什么顺序写的? 再看看这几个词语,你发现了什么? 是呀,这两组词表达的时间只有细微的差别,可见作者感受之细腻。(板书:感受细腻)。

三、学习课文

1. 春天

师:一年四季始于春,我们按顺序交流,谁喜欢春天黎明时分的景色? 请你朗读这一段话。

(生读)

师:读得真好,这么安静的黎明,你为什么喜欢呢?

天空中这么多种颜色在变化,确实美,这些颜色是突然变化的吗? (不是)所以我们可以读得慢一些,舒缓一些。谁还想读? (板书:颜色)

(生读)

师:天边的颜色是怎样一点一点慢慢变化的,我们一起来看。

师:春天最美是黎明,你读——我听出来了,仿佛看到天渐渐亮起来了。

继续,染上——这时你们仿佛又看见什么?

是啊,这几个动词准确的运用,把文字变成了连续动态的画面,这是一种动态美,齐读(板书:动态美)。

春天的黎明非常安静,天边的颜色在慢慢变化,越来越美。齐读。

2. 走过春天的黎明,走进夏夜,你喜欢吗? 谁来为大家朗读,其他同学边听边想象文字中的画面。

(生读)

师:夏夜有什么景致吸引你?

师:你会发现萤火虫出现在漆黑的夜晚和蒙蒙细雨的夜晚,这里还有第三种夜晚——明亮的月夜。这三种夜晚蕴含的画面非常丰富。

带着想象，女生读第一种夜晚。

文人墨客都爱写明亮的月夜：贾平凹的《月迹》，李白的诗句……明亮的月夜多美呀！它已经存在于人们的眼中、心中，所以作者只用了简洁的三个字"固然美"。

带着想象，男生读第二种夜晚。

漆黑的暗夜，你看到了怎样的一幅画面？

生：很多萤火虫在轻盈舞蹈，似流星划过天空，让静谧的夜晚动起来，充满生机。

萤火虫的舞蹈动作，这也是一种动态美。（板书：动作）

带着想象，咱们全班一起接着读第三种夜晚。

这情景着实迷人，你们觉得蒙蒙的雨夜是什么把清少纳言给迷住了呢？

大家闭着眼想象，作者被迷住的只是一只两只萤火虫的微光吗？这蒙蒙的雨夜就是块宁静深邃的大幕布，朦朦胧胧，映衬着点点萤火，动感十足、着实迷人。这种宁静的背景之下，朦胧的动态之美非常有感觉。

一起再来回味这三种夜晚。看，明亮的月夜，他觉得美，却一笔带过。女生读。而更多的写漆黑的暗夜，男生读。尤其令她着迷的是这雨夜的画面。齐读。

读着读着，我们会发现有些词它本身没有画面感，但能把三种夜连缀起来，让我们读懂作者细腻的感情。齐读。

（生读）

有了他们的连接，作者的情感也一层比一层更细腻地送到我们的心里。齐读。

（生读）

这么迷人的画面，都印到你们心里了吗？我们试着不看书背一背。

3. 秋天

夏夜真是迷人，秋天的黄昏打动你了吗？你来读。

（生读）

怎样的画面打动了你？

黄昏时分,夕阳斜照,乌鸦为什么急匆匆朝窠里飞去? 这么着急回去有什么事吗?

回去喂小宝宝——那是得赶紧飞,宝贝饿极了该哭了,有爱的父母得赶紧回家,请你读。

乌鸦反哺——父母年纪大了,需要照顾,孝敬老人是中华民族的传统美德,连鸟类都这么孝顺,我们人类更应该要孝敬老人。孝顺的孩子得赶紧回去。你来读。

这些情感是多么美的画面呀! 还有更加让人感动的吗?

什么叫"比翼而飞"?

秋天大雁要飞去南方过冬,这路途遥远,有困难时,他们会——相互帮忙。多么感人的比翼而飞,齐读。

(生读)

一路上风雨兼程,跋山涉水,累了他们会——相互鼓励。没让一个掉队,最后全部抵达目的地,这种团结友爱的情感更是叫人感动。(齐读)

(生读)

无论是归鸦急匆匆地飞,还是大雁比翼而飞,这些画面背后的大背景,你关注到了吗? 就是那辽远的高空,自古秋天是令人伤感的季节,而那些伤感的故事总以辽远的高空为背景的,但是作者却感动地凝望着天空。齐读。

时间慢慢推移,此时已经是_____,带着感动,作者在静静的聆听_____,这声音听起来更好听_____。(板书:声音)

这些动作感人,这些声音令人心旷神怡,这样的动态之美,让我们感受到不一样的秋天。齐读。

4. 冬天

冬天的早晨固然寒冷,可在作者眼中也有别样的韵味。你感受到了吗?

(生读)

冬天早晨美在哪里?

冬日早晨,有落雪,有白霜,画面是静美的,红红的炭火在微微跳动。一静一动，一白一红，形成鲜明的对比呀，画面也就变得温暖而有动感。

（生读）

这么美的早晨，作者的心情呢？

外面飘着雪，而你坐在暖炉边手捧热茶，时不时啜饮两口，心情怎样？一如坐着手捧火盆穿过走廊时心情一样闲逸美好。

生读

这样寒冷的冬晨，作者感受到更多的是温暖，是闲逸，这是作者眼中别样的韵味。（齐读）

只是到了中午，——燃烧的炭火大多变成——这未免——（板书：形态）

火车站的形状变化也是一种别样的动态之美，心随形动。

四、感受独特

这篇课文作者不仅用动态描写写出了四季之美，而且她的感受格外细腻，笔下的景物独有韵味。师生对读：

我们写夏天的夜晚，多写明亮的月夜，作者却说——明亮的月夜固然美——（生齐读）。

我们写秋天的黄昏，多不喜欢那黑漆漆的乌鸦，作者却说——夕阳斜照西山时——（生齐读）。

我们写冬天的早晨，多写雪景的美丽，作者却说——落雪的早晨（生齐读）。

（板书：审美独特）

有着如此独特神秘的作家清少纳言是谁？请看她的简介一起了解她。

出示 PPT：清少纳言，（约 966—约 1025），姓清，"少纳言"是她在宫中的官职。日本平安时代的女作家，日本散文鼻祖，著有《枕草子》，该书为日本最早的随笔作品集。本文就选自这本《枕草子》。

师：作者通过细致的观察，选取了自己眼中最具代表性的事物，对其颜色、动作、声音、形状的细微变化进行了描述，呈现了景物的动态之美，表达自己内心独特的感受，更体现了对大自然、对四季美景的喜爱之情。下节课我们试着仿照课文,写写自己印象最深的某个景致。

(案例设计者:徐思思)

如何在语文教学中渗透科技教育,成为摆在语文教师面前的一个课题。俗话说"润物细无声",通过以上三个案例,可以看出我校在语文学科教学中渗透科技教育,结合了学科特点,紧扣教材,从细微处入手,在课堂中潜移默化地对儿童进行科学素养的培养。

(二)"灵慧语文"课程的评价要求

语文课程评价的根本目的是为了促进儿童学习,改善教师教学。多元化的评价方式更符合儿童的成长特点,有利于其主动发展,增强自信心,调动热情,让他们发现自己的进步。

表 3-3 "灵慧语文"课程的评价细则

学校班级		授课学科		授课教师	
课题			评课人		
评估内容	评 估 细 则			分值	得分
激发儿童兴趣(20分)	1. 手段优化:恰当运用现代教学手段(电教仪器或教具),直观、形象、生动。			5	
	2. 创设情景:精心设计问题情境,导入清晰、过渡自然、有吸引力,问题设置有梯度,提问语言简洁。			5	
	3. 示范示例:做好示范,精心设计课例,为每个儿童提供平等参与的机会,既面向全体,又注意个体差异,因材施教,使每个儿童在原有的基础上都能得到不同程度的发展。			5	

续　表

评估内容	评 估 细 则	分值	得分
	4. 鼓励评价：教态和蔼,有激情,师生、生生感情融洽。重视儿童情感价值观的开发,有聆听儿童发言的习惯,及时采取积极、多样、鼓励性的评价方式,充分调动儿童学习的积极性。	5	
培养儿童习惯(25分)	1. 组织教学：课堂教学环节严密、适当,气氛活跃,小组合作学习有序有效,有利于教学目标的实现。	5	
	2. 规范训练：课堂常规训练频率高,针对性强,全员参与,收效大。	5	
	3. 学习习惯：学习活动所需要的各种相关材料准备充足,质量高,针对性强。有良好的听、记、讨论、举手反馈等习惯。敢于质疑问难,能提出有意义的问题和新的见解。	10	
	4. 自学能力：预习到位,独立思考,主动探索,有良好的预习习惯。	5	
导学方法策略(25分)	1. 以学定教：学习目标明确,科学地选择与优化教学内容,对儿童的学习活动进行针对性的指导,使儿童会学、乐学。	7	
	2. 指导科学：重方法、重过程,师生、生生交流平等、积极;培养儿童的动手动脑、独立操作和观察能力,鼓励儿童发现问题、提出问题、分析解决问题。指导儿童进行课堂总结,实现预期目标的基础上,在某个方面具有创造性和新意。	8	
	3. 信息反馈：分层训练、分层指导、分层评价,当堂检测、及时反馈。	5	

续　表

评估内容	评 估 细 则	分值	得分
	4. 教师素养：具有优良的专业素养，教学理念先进，教学基本功扎实。普通话流畅，表达准确、严谨，板书工整、条理、清楚，教态亲切自然。	5	
教学效果（30分）	1. 学习效果：儿童参与教学活动态度积极，热情高、信心足、参与主动、思维积极，自主学习的意识强、效果好；训练达到预期目标，部分达到拓展性目标，能用学到的知识解释生活中的现象。	10	
	2. 课堂效果：学习活动科学、有效，既注重教学目标的达成，又重视儿童良好习惯的培养。全班不同层次的儿童都参与学习的全过程，而且有充分参与的时间、空间（教师的讲解不得超过 15 分钟），并进行有效的合作、探究、交流。	10	
	3. 目标达成：绝大多数儿童学习积极主动，并能在学习和解决问题过程中形成一定的能力和方法，儿童学习习惯好，学习能力强，学习目标达成度高；同时每位儿童情感、态度、价值观等方面得到相应的发展，能体验到学习和成功的喜悦，有进一步学习的良好愿望，能初步形成对事物正确的价值判断。	10	
总评		得分	

（三）"灵慧言语"课程社团，给予儿童温馨的心灵空间

1. "灵慧言语"课程社团的要义与操作

拓宽语文学习和运用的领域，注重跨学科的学习和现代科技手段的运

用,使儿童在不同内容和方法的相互交叉、渗透和整合中开阔视野,提高学习效率,初步养成现代社会所需要的语文素养。多元智能理论认为,人的智力是多元的,而且人的智能发展是不均衡的。每个人都存在七种相互独立的智力,但每个人都有自己的优势和智力组织。"灵慧"课堂是发展和提高儿童灵创能力的基本方式,"灵慧言语"社团是一种发展和提高儿童灵创能力的补充方式。

知识和技能的运用是素质的外在表现形式,实际上也是素质形成的重要途径,"实践出真知","行为形成素质",而"灵慧言语"社团活动的重要价值就是促使儿童"灵慧言语"素质的形成。这就是"灵慧言语"社团活动对于儿童个体"灵慧言语"素质提升的作用。

为此,我校根据儿童身心发展特点和语文教材不同阶段的内容,分年级开设了以下社团:一年级"奇妙的汉字"灵慧汉字社团,二年级"栩栩如生"灵慧模型社团,三年级"昆虫备忘录"灵慧妙想社团,四年级"明媚太阳"灵慧光芒剧社,五年级"前沿科本"灵慧活动社团,六年级"诗经科普"灵慧吟诵社团。

2."灵慧言语"课程社团活动的评价方法

"灵慧言语"课程社团活动训练儿童积极思考的能力,激发儿童形成灵慧气质,或者说灵慧个性。

我们的评价方式,有记录活动过程中儿童各方面表现的量化评价表,还有儿童对社团的问卷调查,便于教师把握社团后期的发展方向。

表 3-4　"灵慧言语"社团的评价标准

评价项目	评价标准	评价（0—10分）
过程评价	制定可行的管理制度及详细的活动计划	
	活动主题、内容、形式有创新	
	活动组织井然有序,学习氛围浓厚	
	社团名册及活动过程记录详实	

评价项目	评价标准	评价（0—10分）
	活动照片及儿童作品保存完整	
	教师的指导张弛有度,有针对性	
	每次活动结束后都有相对的总结、反馈、评价	
成果展示	展示形式丰富新颖	
	内容符合社团特点、全面完整	
	活动小组分工合作有序	
	有借鉴价值的经验与反思	

3. 增设"灵慧言语"课程活动,走入"灵慧"生活

(1)"灵慧言语"项目活动的要义与操作

语文课程应该是开放而富有创新活力的。要尽可能满足不同地区、不同学校、不同儿童的需求,确立适应时代需要的课程目标,开发与之相适应的课程资源,形成相对稳定而又灵活的实施机制,不断地自我调节、更新发展。

"灵慧语文"课程,突破传统的界定,实现大语文的教学观,打破封闭的学科体系,加强知识的纵横联系,关注当代文化生活,尊重多元文化,做到从语文到文化、文史哲的和谐统一,在实践中培养儿童语文素养。我们分年级进行了不同主题的研究。

表3-5　各年级"灵慧语文"主题研究

年　级	主　题
一年级	"雨的变化"灵慧言语项目研究
	"神奇的尾巴"灵慧言语项目研究

续　表

年级	主　题
二年级	"千变万化"灵慧言语项目研究
	"神奇的尾巴"灵慧言语项目研究
三年级	"科普童话"灵慧言语项目研究
	"桥的世界"灵慧言语项目研究
四年级	"气象万千"灵慧言语项目研究
	"神奇发明"灵慧言语项目研究
五年级	"生活科技"灵慧言语项目研究
	"轨道未来"灵慧言语项目研究
六年级	"珍惜资源"灵慧言语项目研究
	"遨游太空"灵慧言语项目研究

　　"灵慧言语项目"活动,其目的是借助多角度、多样化的研究活动,让不同年龄段的儿童进行一段"灵慧言语"之旅,通过阅读、访谈、调查、演讲等多种研究形式,实现儿童语言表达能力、思维创作能力、文化思想意识的提升。在整个研究过程中,我们努力把探究过程还给儿童,努力创造学习中的思维文化,努力实现"从教师中心"到"学习者中心"的转变,最终实现活动性、协同性、灵创性学习活动,实现教师反思性、创进性教育。

　　(2)"灵慧言语项目活动"的评价标准

　　"灵慧言语项目活动",汇聚了老师和儿童的智慧,是老师和儿童共同成长的沃土。"灵慧言语项目活动"的评价以激励为主,采用多种方式进行评价,如教师评价和儿童自评、组内互评相结合,小组内开展经验交流展示等,激发儿童的热情。

表 3-6　"灵慧言语项目活动"的评价细则

评价项目	评价标准（优秀、良好、合格）	自评	互评	师评
个人魅力	问题银行的存储量			
	有研究价值的问题个数			
	被选中进行小组研究问题的个数			
	研究过程中，有建设性的建议			
	能认真倾听和理解别人的想法			
团队精神	分工是否合理			
	每次的活动记录是否详实			
	遇到困难的解决方法是否合适			
	研究的结果是否满意			
展示交流	形式多样，引人入胜			
	内容全面，有所启发			
反思与收获	能够提出有一定研究价值的问题			
	梳理收获，提升经验			

三、 提升"灵慧语文"课程评价体系

　　为了更好地实施课程，我们将其进行整体性效能评价。效能评价是学校课程良性、健康发展所必需的，它对课程的开发和实施起到监督和促进作用。课程评价不仅仅是甄别和选拔，它还与每门课程、每个小孩、每个老师有着直接的关系，因此，我们坚持"评价不是为了甄选，而是为了促进"的评价理念，利用合理有效的评价方式，以评促教保证课程的实施质量，提高课程的内涵和品质，更好地促进教师的发展和儿童的成长。

　　　　　（撰稿人：廖红妮　甘海燕　李倩　李艳　杨婷　饶岚　陈保娣）

第四章

具身学习

让儿童与语言悄然融合

具身学习是利用学习者的具身经验和身体动作完成认知任务的学习，是一个基于具身认知理论、整合学习科学、人机交互和学习环境设计研究的新兴领域。 具身学习以解放儿童的身体为前提，通过调动儿童多感官的身体运动来感知新学的内容。 简单来说，就是在课程教学过程中充分整合儿童以往的"身体经验"，让儿童在学习过程中能够将学习经验与语言融合起来。

学习是具身的,语言是身体的,具身学习作为新一代的认知科学思潮,在哲学、心理学、语言学和教育学等领域都产生了积极的影响。具身学习强调身体在认知过程中的重要作用,认为人的认知实质上就是身体、大脑和环境相互作用的结果。语言本身具有一定的具身性,身体是语言形成和发展的基础。①

儿童,特别是低段儿童的学习有明显的具身性特点,他们的思维具有直观性和具身性。他们活泼好动、善于模仿、喜欢表演、情绪和心理易于外显,正处于外语学习的关键时期。而在这个关键时期中,具身学习理念可以更好地帮助孩子们运用具身学习的部分理论,优化英语学习手段,提高英语学习的热情,从而进一步改善英语学习效果。

在认知理论领域,学习一般分为离身学习和具身学习。其中,离身学习强调知识的传授,主要把机械性的知识和符号灌输到学习者的头脑中,突出了身心分离的二元理论;具身学习则强调身心一体,注重学习过程中的体验和实践,把儿童的亲身体验及其知识能力的生成当作一个动态的、自然的教育过程。基于这些认识,具身学习是指在模拟现实的学习环境下,儿童将注意力集中于身体感知器官与各种环境的交互作用,获得具身体验,进行情景交互和协作互动,进而产生新的学习思路,开展更深层次的学习。

在设计相关的具身学习性教学时,我们认为可以关注以下几个方面:一是在课堂教学中注意解放儿童的身体,设计融入"身体动作"参与的学习活动,通过调动儿童多感官的身体运动来感知新学的内容;二是在教学设计时,注意考虑整合儿童以往的"身体经验"来教学。

---

① 周倩.小学英语教学的具身策略初探[D].江南:江南大学,2013.

　　我们将具身性教学策略分别运用于小学英语语音、词汇、阅读、歌谣和口语的教学中，通过教学实例展示、问卷调查和师生访谈等形式，巧妙地创设有利于儿童身体感知、体验和参与语言教学情境，让儿童的多个感觉器官参与认知的过程。在过程中，儿童的视觉、听觉、动作、环境等多渠道感官刺激于一体，起到了大脑身体环境的交互功能，为他们的知识建构提供了直接的经验，让认知变得顺理成章、水到渠成。

　　南昌市北湖小学英语教研组现有教师五人，中小学一级教师四人。一直以来，英语教研组秉承学校灵妙英语课程的理念，定期开展教学研究和听课、评课等活动，定期组织教师进行基本功展评，充分发挥团队合作的力量，积极参与各级各类教育教学活动，推动英语教师们形成自己特有的教学风格和特点。北湖小学灵妙英语课堂教学模式深受家长和孩子们的一致好评。

第一节　身心独立到身心统一

一、学科性质

　　我校"灵妙英语"将具身学习的相关理念融入其中，旨在课堂教学中注意解放儿童的身体，通过调动儿童多感官身体运动，整合儿童以往"身体经验"来感知新知识，开展新教学。

　　日益开放的社会、广泛的国际交流和经济发展的全球化趋势，已把英语能力提高到一个很重要的位置，成为人才素质的一个重要组成部分。为适应信息时代国际范围内人类交际空前扩大的需要，对于现代社会来说，英语不仅是一门获取专业信息的必要工具，而且也是直接参与信息交流的手段。

　　义务教育阶段的英语课程，具有工具性和人文性的双重性质。就工具性而言，英语课程承担着培养儿童基本英语素养和发展儿童思维能力的任务，即儿童通过英语课程掌握基本的英语语言知识，发展基本的英语听说读写技能，初步形成用英语与他人交流的能力，进一步促进思维能力的发展，为今后继续学习英语和用英语学习其他相关科学文化知识奠定基础;就人文性而言,英语课程承担着提高儿童综合人文素养的任务,儿童通过英语课程能够开阔视野,丰富生活经历,形成跨文化意识,增强爱国主义精神,发展创新能力,形成良好的品格和正确的人生观和价值观。

对英语课程性质的这一认识,也反映了世界各国在中小学外语课程价值方面所取得了基本共识,即学习外语有利于儿童认知能力的发展,促进其良好的性格、品格、意志和交往合作精神的形成,有利于儿童学会处理不同文化间的差异。

我国基础教育最大的教育诉求在于使儿童在品德、智力、体质等方面全面发展,为提高全民素质,培养有理想、有道德、有文化、有纪律的社会主义建设人才奠定基础。基于这个诉求,英语学科目标最根本的立足点,应是为儿童的终身发展打基础,同时强调语言目标与人文目标的相结合。

二、 学科价值观

随着时代的发展和社会的进步,英语越来越受到人们的重视,作为一门世界性的语言,在很多领域都会被使用到。没有掌握英语将会给自己在工作和生活中带来诸多的不便。人类的发展和进步离不开交流,英语为我们的沟通和理解提供了方便和可能。因此我们必须通过学习英语,学习世界上的先进技术和理念来提高自己、发展自己。

人类的发展和进步离不开交流。在社会生活信息化和经济全球化日益突出的今天,英语作为最重要的信息载体之一,已成为人类生活各个领域中使用最广泛的语言之一,英语能力已成为一种必备技能。儿童若能习得一种外语能力,就能帮助他打开进入另一个世界的学习之门,最后达成多元学习与价值的目标。

学习英语既有利于我们在经济、文化、科学技术、国家安全等领域开展对外交流与合作,也有利于我们通过英语来学习科学文化知识。因此,英语不仅是交流的工具,也是思维的工具,更是育人的工具。学习英语的过程是儿童接触其他文化,形成跨文化理解意识与能力的重要途径,也是促进儿童思维能力进一步发展的过程。

如何提升英语学科的育人价值?我们可以从工具性和人文性两个角度来设置英语课程的目的与目标。也就是说,英语教学不仅要考虑儿童应该学习哪些英语知识和技能,将来能够用英语做哪些事情,还要考虑儿童通过学习课程可以获得其他哪些方面的知识,形成哪些关键技能和必备品格。为了全面体现英语学科的育人价值,在充分吸收和借鉴国内外有关核心素养的理论和实践研究成果的基础上,结合义务教育英语课程的现实需求,我们将英语学科核心素养归纳为语言能力、文化品格、思维品质和学习能力四个方面。

(一) 语言能力

语言能力主要是指在社会情境中借助语言进行理解和表达的能力。语言能力是英语学科核心素养中的"核心"。语言能力是一个含义很广的概念。它既包括过去常说的听、说、读、写等语言技能,也包括对语言知识的理解和运用能力,还包括语言意识、交际身份意识等。具体地讲,语言能力包括以下几个方面:1.关于英语和英语学习的一些意识和认识,例如,对英语作为一种国际通用语言的重要性的认识,对学习英语的意义与价值的认识,对英语与文化、英语与思维之间的关系的认识。2.对英语语言知识的掌握情况,特别是运用英语语言知识建构和表达意义的能力。3.理解各种题材和体裁的英语口语和书面语篇的能力。4.使用英语口语和书面语进行表达的能力;5.通过语言建构交际角色和人际关系的能力。

关于语言能力的内涵,有几点需要特别关注。一是语言能力的一个重要组成部分是语言知识。语言知识不局限于语音、词汇和语法层面的知识,还包括语篇知识和语用知识。巴克曼(Bachman)和帕尔默(Palmer)提出的语言能力模型就包括很多重要的语言知识,其中包括语篇知识和语用知识。尽管语篇知识、语用知识等概念大家并不陌生,但这些概念的真正内涵并不容易把握,特别是对于一线英语教师。二是语言能力的界定不仅强调了语言知识的学习,而且特别注重语言知识在建构和表达意义的过程中所起的作用,也就是说,语言使用者究竟是如何利用语音、词汇、语法、语篇、语用等方面的知识来表达意义的。三是在语言技能方面,特别强调对语篇作出的反应。过去更加强调对语篇的理解,即知道语篇表达了什么意义,而不太重视读者对语篇表达的意义应该作出的反应。也就是说,我们读一篇文章之后,应不只停留在理解上,还要对语篇内容有自己的思考、判断和分析。四是要注意语言能力描述中反映不同思维层次的目标。

(二) 文化品格

国际理解能力和跨文化交流能力是二十一世纪公民的必备素养。学习外语,特别是英语,是实现国际理解和跨文化交流的重要途径。但是,很多人只看到了国际理解和跨文化交流中英语作为一种语言工具的作用,而没有意识到学习英语的过程本身也是增进国际理解和形成跨文化意识和能力的过程。在英语学习的过程中,儿童要学习大量的英语语篇(包括口语语篇和书面语篇)。在学习这些语篇时,儿童会接触大量的英语国家社会现象和文化背景。

通过英语教学,可以使儿童了解英语国家的文化和社会风俗习惯,这不仅能够帮助他们学习好英语,扩大他们的视野,还能有助于他们理解我国民族文化与别国文化的区别,增加民族自豪感。

青少年时期是儿童的情感态度和价值观发展的重要阶段。小学的各个学科都对儿童形成积极的情感态度和价值观有重要的影响,英语学科也不例外。不同的民族有不同的情感态度和价值观,这些情感态度和价值观以各种形式体现在语言和语言使用中。学习母语以外的语言,能够使我们了解其他民族的情感态度和价值观。

文化品格核心素养不仅仅指了解一些文化现象和情感态度与价值观,还包括解释、评价语篇反映的文化传统和社会文化现象,比较和归纳语篇反映的文化,形成自己的文化立场与态度、文化认同感和文化鉴别能力。从这个角度来看,文化品格的内涵超越了以往所说的跨文化意识和跨文化交际能力。

虽然文化品格的某些方面显得抽象和宽泛，但文化也是可教授的，教授的重心在于通过儿童对获取的信息加以思考，为不同的文化信念寻找合理性解释，从而增补、丰富自己的知识。

（三）思维品质

语言与思维的关系十分密切。学习和使用语言要借助思维，同时，学习和使用语言又能够进一步促进思维的发展。学习和使用母语以外的语言，可以丰富思维方式，进一步促进思维能力的发展。英语教育界人士广泛认为，英语课堂教学中的很多活动能够促进儿童思维能力的发展。例如，理解英语概念性词语的内涵和外延；把英语概念性词语与周围世界联系起来；根据所给信息提炼事物共同特征，借助英语形成新的概念，加深对世界的认识；根据所学概念性英语词语和表达句式，学会从不同角度思考和解决问题。

需要特别注意的是，用英语进行理解和表达的过程不仅有利于儿童培养通用思维能力（如识别、理解、推断），而且有利于儿童逐步形成英语使用者（不一定是英语本族语者）独有或擅长的思维方式和思维能力。

（四）学习能力

二十一世纪的公民必须具有终身学习的意识和自主学习的能力。对于儿童来说，发展英语学习能力尤其重要。由于各种因素的限制，对中国的儿童来说，学好英语并非易事。因此，掌握英语学习的要领，养成良好的学习习惯，形成有效的英语学习策略，显得尤其重要。需要注意的是，作为核心素养的学习能力，并不局限于学习方法和策略，也包括对英语和英语学习的一些认识和态度。例如，对英语学习有正确的认识和持续的兴趣，有积极主动的学习态度和成就动机，能够确立明确的学习目标，有主动参与语言实践的意识和习惯。另外，除了使用学习方法和策略以外，还要能够监控方法和策略的使用情况，评估使用效果，并根据需要调整学习方法和策略。

用"学习能力"的概念取代以往几个版本英语课程标准中的"学习策略"，

进一步突出了学会学习的重要性。儿童不仅需要在学英语、用英语的过程中使用学习策略,而且要形成学习英语的能力,为自主学习和可持续学习创造有利条件。

因此,英语学科的学习不是简单的单词语法的教学,更是一种思维、一种态度、一种情感以及一项技能,这就是英语学科的价值所在。

三、 学科课程理念

基于小学英语学科特点,我校英语教学组在不断的教学实践中,经过反复研讨、大胆实践,合力制定出以"灵妙英语"为核心的英语学科课程理念。我校的"灵妙英语"课程是根据儿童的年龄特点和兴趣爱好来制定相关课程体系的,主要是通过积极开展各种课内课外活动,增长儿童的知识,开阔他们的视野,发展其智力和个性,展现他们的才能,让儿童在灵性的空间内,巧妙地掌握英语。

(一) 改变以教为主的原则, 树立以儿童为主体的指导思想

面向全体儿童的核心思想是使每一个儿童都能在学习中得到发展。英语教学目标应该确保课程面向每一个儿童的同时,积极地创造条件,满足更多有潜力儿童的需要,使全体儿童都能够全面和谐地发展。突出儿童主体,体现了循循善诱和因材施教的思想方法。循循善诱的核心在于激发儿童的求知欲,启发儿童自主思考,因材施教旨在满足个体的需求。

(二) 强调培养儿童的创新精神

培养儿童创新能力是新课改的一个重要课题。从宏观上来说,我们应该在培养模式上高度重视儿童个性化发展;在教育方法上要全面推广启发性教学;在教学过程中要加大实践性活动开展的力度;在学校管理中应强化民主性原则。

在英语教学中,创新教育涉及打好基础、优化能力结构、训练思维和塑造

人格等。首先，帮助儿童打好语言基本功底。任何创新都是以对所学知识进行科学加工和创造性的劳动为前提的，掌握的知识越丰富，就越容易产生新的思想、新的智慧火花；其次，合理优化儿童的能力结构。合理的能力结构是创新活动必不可少的条件。能力结构既包括听、说、读、写的能力，也包括认知能力和合作能力；再次，训练思维方式。灵活的思维方式与创新活动密不可分，要培养儿童横向思维、纵向思维、逆向思维以及多角度多层面思考问题的习惯和方法；最后，塑造健康的人格。人格和能力是人的心理特征的两个方面，教学中应引导儿童陶冶性情、分清美丑、明辨是非、热爱祖国，积极开发儿童的非智力因素，把人的全面发展作为教学的出发点和归宿。

（三）提倡儿童体验参与，促进学习方式的转变

儿童参与学习活动是体现"教师指导、儿童主体"的一个方面，参与程度是衡量教学质量的一个指标。儿童在参与活动过程中获得感知和体验，领略学习的艰辛与乐趣。相对于接受学习，注重发现性学习是学习方式转变的重要标志。教师应有计划地组织内容丰富、形式多样的英语课外活动，如朗诵、唱歌、讲故事、演讲、表演、英语角对话、英语墙报、主题班会和展览等。教师要善于引导，保护儿童的好奇心，培养他们的自主性和创新意识。

第二节 身体参与到情境体验

《义务教育英语课程标准》中指出，义务教育阶段英语课程的总目标是：通过英语学习，使儿童形成初步的综合语言运用能力，促进心智发展，提高综合人文素养。综合语言运用能力的形成，建立在语言技能、语言知识、情感态度、学习策略和文化意识等方面整体发展的基础之上。语言技能和语言知识是综合语言运用能力的基础，文化意识有利于正确地理解语言和得体地使用语言，有效的学习策略有利于提高学习效率和发展自主学习能力，积极的情

感态度有利于促进儿童主动学习。这五个方面相辅相成,共同促进综合语言运用能力的形成与发展。

大量研究表明,外语学习的起始年龄在很大程度上影响着个人的外语学习水平。基于母语学习所提出来的语言习得关键期学说,后被广泛应用到外语学习研究中。我国的众多学者针对学习外语的适当年龄,也不断地开展相关研究。何克抗教授在深入分析现有语言理论获得的基础上,提出了一种全新的儿童语言发展理论——语觉论。该理论认为语言具有一定的先天性和关键期,最有利于儿童获得语言的关键时期是 0—12 岁,而最佳敏感期一般来说是在 9 岁以前,从 9 岁开始下降。外语教学必须紧紧抓住小学阶段这一关键时期(尤其是 1—4 年级为最佳年龄段)。此外,外语教育家刘润清教授认为,"我国儿童学习英语的最佳年龄大约在 9 岁左右"。因为这时的人脑保留着早期的灵活性,并且认知发展已比较成熟,而同时又对使用所学语言不感到拘束。把握语言发展关键期内儿童英语学习的特点才能更好地指导小学英语课堂教学。现阶段,根据教育部制定的《全日制义务教育及英语课程标准》的要求,小学三年级起开设英语。对于绝大多数儿童来说,小学三、四年级是英语学习的初始阶段,这一阶段的儿童大多在 8、9 岁左右,符合语言发展的关键期假设。儿童的语言学习是一种在自身身体机能的指导下获得知识体验的过程,小学三、四年级儿童的语言学习呈现出以下明显的具身性特点。

一是具体直观化思维占主导。儿童特别是低年级儿童,具体直观化思维在认知过程中占据着主导地位,抽象思维能力仅处在初期的发展阶段,儿童的认知需要借助于更多直观、具体的事物,特别是在记忆与自身生活经验相关的实物单词时,运用有特色的实物图像、直观的教具或真实的物件更能触动儿童的感官理解神经。具身认知观强调,认知获得有赖于身体的物理属性,它包括人的视觉、听觉、触觉和动觉。因此,儿童的这种具体直观化的认知思维体现着儿童认知思维的具身性。

二是注意不稳定,身体好动。心理学研究表明,8、9 岁的儿童注意力不够稳定,有意注意的时间较短,注意力容易分散。正是基于这一点,儿童的身体活泼好动,在课堂上坐不住、坐不久,他们爱玩、爱唱、爱游戏,喜欢动手、动口、动耳、动眼。因此,有很多教育学家和心理专家都曾指出,任何一种过于长久和单调的活动对儿童的发展都是不利的,教学活动需要调动儿童的多种身体感官和运动器官。儿童身体的这种活泼好动性与具身性的理念不谋而合,同时也在一定程度上影响着课堂教学策略的运用。

基于核心素养对儿童不同维度的要求,我校英语组以儿童为本,以提高儿童语言运用能力和发展儿童的思维能力为指导思想,创设"灵妙"英语课程群,来培养儿童的综合语言运用能力,即从语言知识、语言技能、学习策略、文化意识和情感态度五个维度来分层实现。

一、 学科课程总体目标

（一） 语言技能

语言技能是语言运用能力的重要组成部分,主要包括听、说、读、写等方面技能的综合运用。小学阶段的儿童应达到：能根据指令做事情,能学唱英语儿童歌曲和歌谣 15—30 首,能够运用日常用语进行口头表达,并且做到发音清楚,语调基本正确;能在教师的指导下用英语做游戏,能在游戏中进行简单的交际,并且在教师的帮助和图片的提示下讲述简单的小故事;能够看图识词,能模仿范例写句子,并且在书写过程中,正确地使用大小写字母和常用的标点符号;能简单地写出问候语和祝福语,并能根据图片、词语或例句的提示,写出简短的语句;在课堂上每周 20 到 25 分钟的试听基础上,在教师的帮助下表演小故事或小短剧。

（二） 语言知识

儿童在义务教育阶段应该学习和掌握的英语语言基础知识包括语音、词汇、语法以及用于表达的常见话题。

小学阶段儿童应达到：在一年级到六年级的学习过程中能够正确读出

26 个英文字母,了解简单的拼读规则,了解单词有重音,句子有重读,了解英语语音包括连读、语调、节奏、停顿等;在日常会话中做到语音、语调基本正确、自然、流畅,并能根据重音和语调的变化而变化;词汇方面,在知道单词由哪些词汇构成的基础上,能根据单词的音、义、形来学习词汇;初步掌握和运用 400 个左右的单词来表达规定的相应话题;在语法功能话题方面,能理解和运用某些语言表达形式来表达自己的情感和真实意图,并且在实际运用中体会语法项目的表意功能;理解和运用有关下列功能语言表达形式:问候、介绍、告别、请求、邀请、致谢、道歉、个人情况、家庭与朋友、身体与健康等。

（三）情感态度

　　保持儿童积极的学习态度是英语学习成功的关键。教师应在教学中不断激发并强化儿童的学习兴趣。小学阶段儿童应达到:在英语学习中,能够体会到英语学习的乐趣,敢于开口;表达中不怕出错误,乐于感知并积极尝试使用英语;积极参与各种课堂学习活动;在小组活动中能与其他同学积极配合和合作;遇到困难时能大胆求助,并且接触外国文化,增强爱国意识。

（四）学习策略

　　在英语教学中,教师要有意识地帮助儿童形成自己的学习策略。小学阶段儿童应达到:积极与他人合作,共同完成学习任务,遇到问题主动向老师或者同学请教;会制定简单的英语学习计划,并且对所学内容能主动复习和归纳,在词语与相应事物之间建立联想;在学习中集中注意力,并且在课堂交流中,注意倾听,积极思考;尝试阅读英语故事及其他英语读物;积极运用所学英语进行表达和交流,留意生活中可使用的简单英语,最终初步借助简单的工具书学习英语。

（五）文化意识

　　语言学习与文化意识的形成是相辅相成的。小学阶段儿童应达到:知道英语中最简单的称谓语、问候语和告别语；对一般的赞扬、请求和道歉等做出适当的反应；知道世界各国主要的文娱和体育活动；知道英语国家中典型的食品和饮料的名称；知道主要英语国家的首都、国旗、重要标志物等；了解英语国家的重要节日，最终使儿童在学习和日常生活中，能初步了解到中外文化的差异。

二、学科课程年段目标

（一）中段目标（三、四年级）

对英语学习有持续的兴趣和爱好；能用简单的英语互致问候，交换有关个人、家庭和朋友的简单信息；能根据所学的内容表演小对话或演唱歌谣。

（二）高段目标（五、六年级）

对英语学习有持续的兴趣和爱好；能在图片的帮助下听懂、读懂并讲述简单的故事；能根据图片或提示写简单的句子；在学习中乐于参与、积极合作、主动请教；乐于了解异国文化和习俗。

三、课程年级目标

三年级：

学习 26 个字母。会背、会写、会认读 26 个字母，学习常用单词、短语和句子，让儿童多听多说，能和同学、老师进行简单的英文交流。

对英语学习表现出积极性和初步的自信心，能听懂熟悉话题中的语段及简单故事，能用句子描述相关图片，并能参与角色表演。

四年级：

除了能听懂、读懂短语、对话外，还能掌握对话及句子的运用。有明确的学习目标，对英语学习表现出较强的自信心。能扩展知识，描述一些简单的事情。

五年级：

有较明确的英语学习动机,自己有主动的学习态度。除了能掌握课本所要求的相关知识外,能听懂有关熟悉话题的陈述并讨论,能读懂相应的杂志报纸,能用简单口语交流心得,能写小作文。

六年级：

熟悉书本知识,整合三至六年级所有的语言知识,分块复习。能就简单的话题表达自己的观点;能与他人沟通并完成任务;口头表达时能做到语音语调自然流畅,语气恰当;能运用工具书查阅相关资料;能起草短文,书写作文。

基于以上目标,依托学科课程理念,我校确立系统而持续渐进的英语课程体系目标,以逐步实现对语言综合运用能力培养的总目标,其中三年级至六年级具体分类目标见下表：

表 4-1　三至六年级分类目标

年级	语言技能	语言知识	学习策略	情感态度	文化意识
三年级	1. 能听懂教师课堂英语指令。 2. 能在教师指导下进行游戏中的简单交际。 3. 能够正确书写 26 个字母并且尝试记忆单词,模仿例子写词语和句子。 4. 能够唱 20 首英文歌曲或者歌谣。	1. 了解字母的不同字体。 2. 了解元音字母在单词中的发音规律。 3. 会根据单词的音、形、义来学习词汇。 4. 知道人称代词的正确表达方式。	1. 尝试对所学内容进行复习和归纳。 2. 在课堂交流中,学会注意倾听,积极思考。	1. 享受英语学习过程,并在学习中主动用英语进行表达。 2. 能在小组活动中积极与他人合作,相互帮助,完成任务。	1. 知道世界各个国家国旗、歌曲,以及节日和体育活动。 2. 了解西方国家的重要标志物。

续 表

年级	语言技能	语言知识	学习策略	情感态度	文化意识
	5. 能够通过欣赏简单的卡通片并学着配音，初步培养儿童的语言运用能力和良好语感。				
四年级	1. 能对教师课堂中的英语指令做出相关反应。 2. 能够主动进行英语口语交际。 3. 熟练记忆所学单词，并模仿例句举一反三进行造句。 4. 能够唱35首英文歌曲或者歌谣。 5. 能通过大量的英语阅读收集资料，学做各种主题的英语手抄报，提高儿童的英语阅读和写作能力。	1. 了解字母组合在单词中的发音规律。 2. 会根据单词的音、形、义来学习词汇。 3. 知道人称代词的正确表达方式。 4. 理解并运用一般将来时时态。	1. 对所学习内容主动进行复习和归纳。 2. 在课堂交流中，学会注意倾听，积极思考。	1. 享受英语学习过程，并在学习中主动用英语进行表达。 2. 能在小组活动中积极与他人合作，相互帮助，完成任务。 3. 遇到问题能主动请教，并能克服困难。	1. 知道世界各个国家国旗、歌曲，以及节日和体育活动。 2. 知道各个国家典型的食品和饮料的名称。

续　表

年级	语言技能	语言知识	学习策略	情感态度	文化意识
五年级	1. 能够简单使用一些英语问候语和祝福语。能根据图片或者关键词的提示写出简短的语句。 2. 能够唱30首英文歌曲或者歌谣。 3. 能在实践活动中体会到英语学习的乐趣，乐于参加各种英语实践活动。	1. 了解英语语音包括连读、节奏、停顿、语调等现象。 2. 掌握400到500的单词以及40个左右的学习用语。 3. 理解并运用现在进行时和一般将来时的时态。	1. 在课堂交流中，注意倾听，积极思考。 2. 尝试阅读英语故事及其他英语课外读物。 3. 积极运用所学英语进行表达和交流。	1. 保持英语学习持续性的兴趣，乐于接触英语歌曲和读物。 2. 能在英语交流中注意和理解他人的情感。	1. 了解西方节日及文化习俗。 2. 在学习和日常交际中，初步发现中外文化异同。
六年级	1. 能够熟练写出问候语和祝福语。能根据图片或者关键词的提示写出50到60个单词的短文。 2. 能够唱35首英文歌曲或者歌谣。 3. 能在老师的指导下表演小故事或者小短剧。	1. 了解并掌握英语语音包括连读、节奏、停顿、语调等现象。 2. 掌握600到700的单词以及50个左右的学习用语。 3. 理解和正确运用一般过去时。	1. 学习中集中注意力，持续保持对英语学习的兴趣。 2. 课堂上积极思考，主动交流表达所学知识。 3. 有意识观察生活或者媒体中使用的英语。 4. 能初步借助简单的工具书或者网络资源学习英语。	1. 继续保持英语学习持续性的兴趣，并在生活中接触英语时，乐于探究其含义并尝试模仿。 2. 对祖国的文化有更深刻的了解和探究意识。	1. 知道英语国家的首都以及重要城市。 2. 在学习和日常交际中，主动探索中外文化异同。

第三节 打造课程与教学的生态系统

具身认知是第二代认知科学兴起后出现的一种认知方式。具身认知强调身体、心智和环境在认知活动中的重要地位，具有认知方式上的科学性和认知效果上的实效性。而语言是人类认知的一部分，与其他认知领域密切相关，并且也是心理、文化、社会和生态等因素相互作用的反映。语言不是一个由任意符号组成的系统，其结构与人类的概念知识、身体经验以及话语的功能行为密切相关。语言的理解和运用是从身体与环境的作用中产生的，并依赖于认知主体的身体经验，因此，语言是一种高度具身化的活动。

新课程标准改革以来，关于外语教学的研究和改革层出不穷，但是外语教学长期以来的"费时低效"与"哑巴英语"等问题依然没有得到彻底解决。在小学英语教学阶段，教师过多地强调抽象的语言符号系统的作用，忽视了儿童早期身体动作发展特征，严重束缚了儿童通过身体构建自身语言经验的能力。将具身性理论研究引入小学英语课堂教学实践，对于改善当前小学英语教学忽视儿童身体体验和身体参与的现状，提高儿童的综合语言运用能力和外语学习兴趣具有十分重要的探究价值。

我校英语教研组的老师一方面基于英语学科理念，在教学过程中充分发掘英语与科技的联系；另一方面从儿童的年龄特点、认知规律出发，形成了我校特有的灵妙英语教学模式。

一、 灵妙英语课程结构

英语课程标准中指出：英语作为全球使用最广泛的语言之一，已经成为国际交往和科技、文化交流的重要工具。那么它就应该是有声有色的。学习语言先从听、说开始，因此，儿童学习英语宜侧重听说能力的培养。当然英语课程的学习，也是儿童发展个性，提高个人人文素养的过程。为此，我校灵妙英语课程从听说读写、文化之旅与口语交际出发,分为妙听、妙写、妙读、妙说、妙做五个板块。

二、"灵妙英语"课程设置

英语课程组的老师一方面基于英语学科理念,在教学过程中充分发掘英语与科技的联系;另一方面从儿童的年龄特点、认知规律出发,开发了我校灵妙英语课程方案。

表 4-2 　"灵妙英语"课程设置表

年级	Listening	Writing	Reading	Speaking	Acting
三年级	Letter song	字母宝宝找妈妈	快乐学拼读	Make friends	字母韵律操
四年级	English film	Writing expert	饶舌时间	Tell stories	Party time
五年级	Best partner	a letter to my mother	课外拓展阅读	配音秀	英文小报
六年级	Travel club	英语手抄报	名著分享	红领巾广播台(英语直播)	英语小主持

表 4-3 　"灵妙"英语课程框架

年级	妙听英语	妙写英语	妙读英语	妙说英语	妙做英语
三年级上学期	听音学字母	书写小能手	快乐学拼读	找朋友 Make friend	Act time
三年级下学期	歌曲《Duo Re me》	字母宝宝找妈妈	环球影城	英文小主持	字母韵律操

续　表

年级	妙听英语	妙写英语	妙读英语	妙说英语	妙做英语
四年级上学期	English film	超级词霸	美式英语	美式学舌	书写小能手
四年级下学期	魔耳课程	魔句变形	绕舌时间	Tell stories	Party time
五年级上学期	Best partner	My penpal	课外拓展阅读	配音秀	制作英文小报
五年级下学期	魔耳课程	a letter to my mother	英语手绘故事会	英语手绘故事比赛	黄金搭档
六年级上学期	Traver club	Make foreign friends	我与世界零距离	红领巾广播台(英语直播)	英语小主持
六年级下学期	世界名著欣赏	英语手抄报	名著分享	配音秀	Weekend plan(周末时光)

表4-4　英语课程设置表

年级	课程目标	课程名称
三年级上	1. 了解字母的不同字体(主要是手写体与印刷体的区别)。 2. 能在教师指导下正确书写26个字母并且尝试记忆单词。	1. 听音学字母
三年级下	能在教师的指导下进行简单的英语口语交际。	1. 书写小能手 2. Act time
四年级上	1. 了解字母组合在单词中的发音规律。 2. 通过英语阅读收集相关资料,学做各种主题的英语小报,提高儿童的英语阅读和写作能力。	1. 制作英文小报 2. 超级词霸

续　表

年级	课程目标	课程名称
四年级下	知道世界各个国家的国旗、国歌以及各国特有的珍稀动植物。	1. Travel time 2. global baby
五年级上	1. 增强儿童阅读能力,促进儿童从小养成每天阅读的好习惯。 2. 理解并运用一般将来时时态。	1. 课外拓展阅读 2. 配音秀 3. 课本剧表
五年级下	对课本剧进行体验式学习,以演促写,以演促评,提高儿童学习英语的兴趣。	1. 最 Reeding club 2. best partner
六年级上	1. 培养儿童的英语写作能力(能独立起草短文短信)。 2. 进一步提高儿童英语口语交际能力。	1. 英语展示墙 2. 英语小主持
六年级下	能了解一些重要的英语国家的首都以及主要城市。在学习中能主动探索中外文化异同。	1. 红领巾广播台(英语主持) 2. Travel club

第四节　共同求知到自我构建

英语学科课程,把"激发和培养儿童学习英语的兴趣,使儿童树立自信心,养成良好的学习习惯和形成有效的学习策略,发展自主学习的能力和合作精神"放在首位,培养儿童听说读写的语言综合运用能力。

一、 建构"灵妙课堂",有效推进课程实施

（一）"灵妙课堂"基本要求

1. 鼓励(Encourage)式教学。体现引导,发挥老师的主导作用;体现激

励,将微笑和激励带进课堂;体现参与,发挥主体作用;体现表现,培养儿童在课堂上善于表现的良好心理素质;体现成功,鼓励和肯定儿童的见解,给儿童成功的体验。

2. 关注(Attention)式教学。关心每个孩子,尊重孩子人格,善待孩子,信任孩子。发挥儿童的主体性,把课堂还给孩子,让课堂充满生命力。

3. 培养(Develop)式教学。调动儿童多种感官进行听说读写演唱,突出学法指导,教给孩子有效的学习方法,使之更加有效地获取知识。

4. 开展(Expand)式教学。从语言技能、文化背景、德育教育多方面入手。通过对教材内容的深挖、整合、补充和拓展延伸对儿童进行语言输入。

5. 组织(Organize)式教学。面向全体儿童的核心思想,使每一个孩子都得到发展,为儿童提供足够的英语教学时间、空间和条件,使他们充满自信地参加各项英语活动,同时能满足更多有学习潜力的儿童的需要。

(二)"灵妙课堂"课堂教学评价策略

英语基础教育主要是通过课堂教学途径展开,而保障课堂教学成功的一个重要措施就是运用好课堂教学评价。要使英语课堂教学评价常规化,需要做多方面的工作。

1. 立好评价的项目。需要评价的项目很多,有学习效果方面的,如听、说、读、写;有学习态度方面的,如学习积极性,在小组合作中的参与度等;有学习策略方面的,如怎样解决老师提出的问题,学习过程中遇到困难该怎么办,等等。给出评价的标准。在列出项目后,要给每一项分成 A、B、C 三等,分别给出三种不同的奖励标志。记录下评价结果,然后定等级,打评语。

2. 教给儿童评价的方法。教师课堂中的评价,要促使孩子有参与的需要,有表现的欲望。不要压抑他们活泼好动的天性;通过活化教材,刺激儿童主动参与课堂中的各项活动;设计符合他们心理活动和知识水平及表现能力的教学活动,形成融洽的师生关系。要使评价常规化,儿童必须掌握评价的方法。之前,老师已经给出评价的项目与标准,然后让儿童对照标准,进行评价的训练。对儿童进行评价常规训练,养成良好的评价习惯。

（三）"灵妙课堂"的评价标准

恰当的课堂评价语言是儿童学习的"兴奋剂",它能使"学困生"看到希望,使优秀生得以发展。因此,在课堂教学中恰当地运用课堂评价语言非常重要。

在课堂上,每个儿童的表现都不一样,我们平时就根据孩子不同的表现做出不同的评价。例如,对于表现不够好的孩子,就鼓励他:"You are good, try it!";对于表现一般的孩子,就肯定他:"Good! You are right!";对于表现更好的孩子,就赞美他:"You are great!";对于有出色表现的孩子,就对他说:"You are excellent!"当儿童得到一般的评价时,他会更积极地参与课堂活动,争取得到更好的评价;当儿童听到最好的语言评价时,内心肯定比吃了蜜还甜。有一句话这样说:"教师充满魅力的课堂评价语言,虽不是蜜,但可以粘住儿童;虽不是磁,但可以吸引儿童。"让我们都来关注课堂评价,在课堂中,针对动态生成性资源——儿童在课堂活动中的兴趣、情绪、学习方式乃至错误的回答等,教师能够巧妙而恰当地进行课堂评价,使儿童全身心地学习,使教与学达到更高的境界。机智、诙谐的评价语言,不仅能促进儿童思维的敏捷和灵活,更能使课堂教学妙趣横生,充分调动儿童学习的积极性。

表 4-5　"灵妙课堂"评价表

英语课堂评价表						
	Listening	Speaking	Reading	Writing	Acting	Cooperating	Result
Unit1							
Unit2							
Unit3							
...							

英语课堂教学评价是一种形成性评价，它对于英语教学有着重要的意义。其一，课堂教学评价是教师对儿童进行终结性评价的依据。它记录着儿童的学习效果、学习态度以及与他人合作等情况，为教师进行终结性评价提供了第一手资料。其二，课堂教学评价是组织、调控教学的重要手段。

合理地运用课堂学习评价，能培养儿童正确的学习观，树立自信心，促进儿童的发展。同时，激发儿童学习的兴趣，活跃课堂气氛，维持课堂纪律，促使教学顺利进行。

在一堂英语课中，需要评价的项目很多，有学习效果方面的，如听、说、读、写；有学习态度方面的，如学习积极性，在小组合作中的参与度等；有学习策略方面的，如怎样解决老师提出的问题，学习过程中遇到困难该怎么办，等等。老师在使用评价时，要尽量使用一些简单化、通俗化、口语化的课堂用语，这样才能提高课堂教学的实际效率。

老师要对儿童进行评价常规训练，养成良好的评价习惯。比如听的习惯：听别人的发言，为发表评价奠定基础；听别人给出的评价，接受他人反馈的意见；注意发言礼仪，说话委婉，虚心学习他人的优点。这些习惯的养成，需要老师进行长期的训练。同时，在课堂中运用新理念进行评价，促使课堂教学任务更有效地完成。课堂教学评价的运用应避免肤浅性、狭隘性、苛刻性、偏离性和不切实际的完美性。

表 4-6　学习状态评价表

评价项目	权重	评价指标	评价等级			评价实得分
			A	B	C	
注意状态	15	1. 在教师讲解或演示时能注视教师	7-6	5-4	3-1	
		2. 在听讲、练习或操作时神情专注	8-6	5-4	3-1	
参与状态	20	1. 全员参与学习，没有开小差现象	7-5	4-3	2-1	
		2. 约有 50% 以上学生能在小组学习或问答时积极发表见解	6-5	4-3	2-1	

评价项目	权重	评价指标	评价等级			评价实得分
			A	B	C	
		3. 独立阅读思考、作业练习、操作活动等有效学习的时间占课堂教学70%	7 - 5	4 - 3	2 - 1	
交往状态	15	1. 与教师交流时语言得体,彬彬有礼	8 - 6	5 - 4	3 - 1	
		2. 同学们能开展友好的合作	7 - 6	5 - 4	3 - 1	
思维状态	20	1. 能用自己的语言有条理地解释、表述所学知识	7 - 5	4 - 3	2 - 1	
		2. 善于多角度思考问题,能主动提出有价值的问题	7 - 5	4 - 3	2 - 1	
		3. 回答具有自己的思想或创意	6 - 5	4 - 3	2 - 1	
情绪状态	15	1. 在学习中伴有点头、微笑、眉头紧锁、跃跃欲试等行为或神情,显得既紧张又轻松	8 - 6	5 - 4	3 - 1	
		2. 在老师的组织引导下,能自我调控好学习情绪,能随着教学进程或解决问题的过程而产生不同的情绪变化,如由争论转入聆听,由激动转向静思。	7 - 6	5 - 4	3 - 1	
生成状态	15	1. 在学习过程中满足、成功与喜悦等体验,对后续学习更有信心。	8 - 6	5 - 4	3 - 1	
		2. 能总结当堂学习所得,或提出深层次的问题。	7 - 6	5 - 4	3 - 1	
建议或希望						

表4-7 学习品质与学期常规总结评价表

评价指标	评价要素	评价等级				
		自评	组评	家长评	师评	总评
学习品质	1. 喜欢英语,对其充满信心。					
	2. 在英语活动中能积极思考,大胆开口。					
	3. 善于与他人合作,乐于用英语交流。					
	4. 能及时认真完成各类作业。					
	5. 在实际生活中能运用所学英语。					
分类	评价要素	权重	评价结果		学期总评	
平时	1. 课堂表现	6				
	2. 作业准确度	6				
	3. 口语能力	6				
	4. 书面测查(高段) 听力测查(低、高段)	6				
	5. 操作能力(做、演、唱、玩)	6				
期末	会话	20				
	听力、笔试	50				

二、"灵妙课堂"的具体实施,培养良好英语学习习惯

(一)认真听

学习英语是从"听"起步的。"听"是"说"的前提,没有"听",就无从模仿"说"。只有听得清,听得懂,才能说得准,说得好。用心地多听他人说英语,

有助于培养儿童对英语的敏捷反应。因此,培养儿童认真听教师或者录音的示范发音,用心听他人说英语是至关重要的。小学阶段,我们要求儿童认真听示范发音,听清后再模仿,用心听他人说英语。在英语课堂教学中,我们认为应该着重培养儿童三种听的习惯。

1. 仔细听的习惯。听的练习要做到有目的、有计划、有要求。在训练过程中要培养儿童仔细听的好习惯。做到开口前要先听,学习新课的过程不忘听,在巩固环节中适当听,课余时间经常听。

2. 善于倾听的习惯。儿童心理学告诉我们,儿童爱模仿,模仿性强,但缺乏自控能力。课堂上,常有孩子一听教师示范发音,就急于开口模仿,轻声跟读,结果导致自身发音欠准,而且还影响了他人听音。因此,在英语起始教学阶段,教师就要训练儿童静心听。

3. 用英语思维的习惯。由于受到母语的影响,很多孩子在听的过程中往往将听到的内容译成汉语,用汉语进行思维理解,而缺乏直接用英语思维的习惯。不能做到边听、边理解、边记忆。对此,我们要通过循序渐进的训练,让他们将听懂并理解的信息联系起来形成连贯的记忆,并且将全文的要点通过这些联系有机地统一起来。

（二）大胆说

学习语言的目的就是为了交流。如果一个人连开口也不敢,开口怕犯错,开口就脸红,那他永远也学不好英语。儿童的可塑性强,对语言的接受能力也较强,在学习过程中,语言习惯和能力容易形成。教师应抓住时机,调动各方面的积极因素,培养孩子大胆说的好习惯。

此外,教师还要给儿童创设轻松愉快的开口讲英语的环境,不要有错必究。对于交流中出现的某些非控制性错误大可不必深究,以免挫伤儿童的积极性。

（三）大声模仿

每次学习课文或对话时，都要求孩子一句一句大声模仿，打开喉咙，让孩子听到自己的声音。在课堂上，面对胆小、害羞的孩子，应及时肯定他们的点滴进步。儿童只要张开嘴大胆说英语，就可获得鼓励："great；well done；good job；brave boy"这些激励的话语会极大地鼓起他们说英语的勇气。

提倡多开口。课堂上，要培养孩子大胆说英语，可要求孩子在课上，甚至课下也要用英语跟老师交流。哪怕只说一个词"here"然后用手指一下，表示这个地方不明白，也会得到老师的表扬。

（四）积极参与

英语是一门实践性很强的学科，教师要精心设计语言训练活动，让儿童积极参与。如课前一支歌、值日生报告、角色表演、一分钟演讲、动态操练、小组活动等等。这些行之有效的方式在课堂上多次反复、周期性循环，有助于儿童学习习惯的养成。久而久之，儿童能紧跟教师的思路，教师也减少了重复性的指令，两者之间形成密切配合、人人参与的良好循环。

（五）严格要求，严格训练

习惯是一种动力定型，是稳固的神经联系。巴甫洛夫说："我们的教育教学，任何纪律，各种各样的习惯，都是一连串的条件反射。"也就是说学习习惯是训练而成的。良好的学习习惯，必须在学习实践的过程中进行严格要求，严格训练。

表4-8 英语课程听、说、读、写质量评价表

		A(三颗星)	B（两颗星）	C（一颗星）	成绩
听	听单词、句型	全部听懂，能准确回答所给出的问题	基本听懂，能给出一部分问题的关键信息	只能听懂课文中的一部分，不能答问	

续　表

		A(三颗星)	B（两颗星）	C（一颗星）	成绩
	听发音	能仔细听别人的发言,包括评价的发言,获取信息,并及时作出反馈	大多数时候能够听别人的发言,了解所包含的信息	偶尔听一听,不太仔细	
说	说英语	能熟练运用所学知识与老师、同学进行问答,语音清晰正确	能模仿句型造句	能够及时回答老师所提出的问题,与同学就所学的句型进行问答	
读	朗读	朗读对话与文章时,发音准确清晰,语言流畅	发音比较准确,语言比较流畅	发音不够准确,读书不流利	
写		格式正确,书写流畅,页面整洁	格式正确,书写工整,页面整洁	格式正确	

三、 开展灵妙英语角的学习形式，丰富课程

英语角是一种很好的简单的语言环境。由于小学阶段的儿童英语水平有限,因此,会把英语汉语夹在一起说,既有趣还解决了表达不清的问题。校园英语角是孩子们英语学习、交流和展示的平台。如何打造灵动的英语角,让它成为一个趣味十足的乐园,情景相融的生活空间,师生沟通的桥梁,超越知识的课堂,精彩生成的舞台,从而提高儿童的英语综合语言运用能力,是我们每一位教师值得深思的问题。英语角的主题可以有很多,比如:电影、音乐、文学作品、旅游趣事、童年、交友派对、英语学习经验交流会等等。创设英语角要以孩子为主,发挥老师的引导作用。

1. 活动场地的布置由孩子设计和装饰,体现他们的爱好和需求,同时以海报的形式进行宣传,吸引孩子参加。

2. 每次活动的主题由孩子商定,活动内容贴近他们的兴趣爱好和实际生活。

3. 活动以游戏、对话等形式开展,突出语言的功能性。

表 4-9　灵妙英语活动评价表

		A 级	B 级	C 级	自评	组评	师评	总评	备注
知识水平	语音	语音清晰或发音比原来有很明显的进步。	注意准确或已纠正原来的某些语音毛病。	语音基本准确,但某些发音还有待于改进。					
	语调	轻重得当,升、降调正确,语句中音的变化。	轻重读、升降调的运用较规范,语句表达较清楚。	语调比较生硬,重读音不够准确。					
	语感	节奏感强,语言流畅,语句连贯、达意,情意交融。	语句基本流利,但语感有待改进。	语句时断时续,节奏无规律,语言未能正确表达思想。					
交往意识		主动与别人沟通,有礼大方,善解人意,能妥善地处理问题。	愿意与别人交往,专心听讲,有互助合作精神,能较好地处理问题。	能基本理解别人的询问,或应答对方的提问,能进行简单的语言交流。					
表现能力		词汇丰富,用词生动准确,语言感染力强,积极主动参与活动,有较强的参与意识和自信。	愿意参与活动,遵守纪律,有自控能力,遇到困难不轻易放弃,能争取使用学过的词语。	有学习的愿望,但词难达意,学习信心不足,未养成良好的学习习惯。					

续　表

	A级	B级	C级	自评	组评	师评	总评	备注
创新发展	兴趣浓厚,反应敏捷,观察细致,记忆力强,想象丰富,有独特的见解和较强的竞争意识。	能全情投入,熟悉已学内容,能熟练背诵课文,但缺乏应变能力。	学习兴趣一般,知识理解较表面,不善于表达个人意见,缺乏独立见解。					

 案例

《In a toy shop》

[教材简析]

本节课是牛津小学英语 4A Unit2《In a toy shop》的第一课时,包括 Part B 和 Part C 两部分。本节课出现八个动物单词,其中 dog、cat、tiger、panda、monkey 这几个单词在 3A 中已学过,而 lion、bear、rabbit 是新单词。教学的重点是让儿童掌握这八个动物单词以及句型 What's this/that? It's a/an. 难点是 lion 的发音、指示代词 this 和 that 在远近关系上的区分以及在实际情境中的运用。

[目标预设]

1. 知识目标:复习五个动物类单词 dog、cat、tiger、panda、monkey,新授四会单词 lion、bear、rabbit,学习句型 What's this/that? 及其回答。

2. 技能目标:引导儿童在语言活动中学会观察、体验与合作,培养儿童的观察能力和思维能力。

3. 情感目标:激发儿童学习英语的兴趣,提高儿童自主学习的能力;培养儿童爱护动物、保护动物的情感。

［重点、难点］

1. 重点：掌握各种动物的单词，并能结合句型灵活运用。

2. 难点：单词 lion 的发音，bear、lion、rabbit 的读写，能区分和运用 this 和 that，对"人物"的回答，答语用代词 it。

［设计理念］

1. 安排教学内容时，遵循由易到难，循序渐进的原则，所以调整了教学顺序，将 Part A 滞后。

2. 在英语课程中应努力倡导儿童积极参与，构建知识，提高能力；通过身体的感知、体验、实践、参与等活动方式，完成任务，实现目标。整节课采用听听、看看、读读、做做、说说、猜猜等多种方式，吸引儿童的注意力，激发儿童的学习兴趣。

［设计思路］

本节课的教学任务主要是 Part B 和 Part C，设计按如下思路开展：

1. 激趣导入并复习旧知。

2. 新授并操练。

3. 当小主持召开森林聚会，巩固单词和句型。

4. 布置作业。

［教学过程］

Step 1　Warm-up

1. Greetings and sing songs

演唱英文儿歌《Wc are happy bees》，教师在教授儿童演唱儿歌的过程中辅助已经编排好的动作，儿歌歌词和动作如下：

Which is for you?（拍手并将两手的食指指向同桌）

Which is for me?（拍手并将两手的食指指向自己）

This one or that one?（将右手食指伸出分别指向身旁或远处的事物）

Which is for you?（拍手并将两手的食指指向同桌）

Which is for me?（拍手并将两手的食指指向自己）

This one or that one?（将右手食指伸出分别指向身旁或远处的事物）

There's a dog.（双手弯曲耷下，放在两颊两侧，学做小狗状）

Here'a cat.（双手五指张开放在两颊上，学做小猫状）

There's a bear.（双手握拳放在头上，学做小熊状）

Here's a bird.（双手张开与肩膀同宽，做小鸟飞翔状）

This is for you and this is for me（将食指指向同桌，将食指指向自己）

We are happy bees.（双手食指和中指弯曲，学做小蜜蜂两只触角摆动状）

（设计意图：儿歌唱玩法旨在运用全身体验的听说教学策略，让儿童在身体情境指导儿歌口语教学，调动儿童口语学习的积极性。）

Step 2　Revision (Listen、guess and act)

多媒体呈现多种背景和动物的叫声。如草丛中斑马的嘶声，森林里老虎的吼声，热带雨林里大象的叫声以及树叶缝隙里传来的小鸟的鸣叫……让儿童根据画面和声音，猜动物，然后做动物模仿操，将各种动物的形态、动作表演出来、穿插进行训练。

What's this?　—It's(cat、dog、tiger、panda、bird、monkey).

（设计意图：色彩鲜明的画面和生动逼真的声音能使儿童迅速进入兴奋状态，符合小学英语教学的直观性展现原则，从而引发儿童积极参与的热情，进而大胆表现，可以很好地为这堂课的学习作铺垫。此阶段体现的是动作游戏的词汇教学策略中的听一听、猜一猜。）

Step 3　Teach new animal words

多媒体呈现兔子，新授 rabbit—引导儿童操练 Chant：What's、What's、What's that?

Rabbit, rabbit. It's a rabbit. It's a white rabbit. 媒体导出——用图片新授单词 lion 和 pear，操练，亦可以接龙传说操练单词 lion，游戏巩固；bear 和 pear 的发音类似，通过 pear 的读音引入。运用身势指导的语音策略区分 bear 和 pear 第一个辅音字母的发音，将手指放在嘴巴上，体会舌头向上发"b"和向下发"p"的感觉。

（设计意图：让儿童在游戏中，在真实的语言活动中，体会学单词的乐趣。）

Step 4 Practice in groups

两人一组进行课堂对话 Part C——Ask and answer 部分的会话操练，灵活运用新学的动物单词。

（设计意图：具身性策略强调教学过程是师生交往、共同发展的过程，是培养儿童身体参与性和自主性，引导儿童进行参与、合作交流，因此整个新授过程词句结合，以旧句型引出新单词，以动作游戏巩固新授单词，再引出新句型，层层递进。在教授新单词时，放手让儿童自主学习，体验快乐。）

Step 5 Play a game：Look and guess

教师准备好描绘不同动物的卡片，让全班分成四个小组（或三个小组），派一位儿童代表自己小组，抽取教师手中的动物卡片，让儿童做动作，其他小组同学猜出动物单词，猜对的小组得分。

（设计意图：巩固本课所学习的动物单词，充分利用动作游戏的词汇教学策略中的动一动，猜一猜，"寓趣于学"，学习新单词。）

Step 6 Consolidation

1. Have a party

在黑板上贴上森林背景，让同学们自己出演森林里的小动物，模仿小动物的形态和物名称与全班同学一起交流。

（设计理念：该阶段在于运用交际任务驱动体验策略巩固句型 What's this/that? It's a_____. 的用法。）

2. Sing the song《We are happy bees》again

让儿童再次在伴随着动作的歌声中，体会近指代词 this 和远指代词 that 的区别。

（设计意图：英语课堂教学中应全身体验的语言活动形式吸引儿童的注意力，培养儿童的听说能力。所以设计了儿童喜欢的大自然来吸引他们，让他们明确本堂课所学内容,并潜移默化地将爱护动物的意识渗透于英语学科之中,最后让儿童在愉快的歌声中结束本堂课的学习。)

Step 7　Homework

同学们自己收集和爸爸妈妈去动物园游玩拍的动物照片,并给各个小动物贴上英文标签,如果有不会的动物英语单词,可以做记号带到课堂上与老师和同学们一起交流。

（案例设计者：黄丹）

（英语组撰稿人：黄丹　张颖昇　龚璐璐　严玲）

第五章

空间学习

多维度艺术体验

儿童在学校学习的过程中，除了事先安排的常规课程，还包括课本教学外的非常规课程或者环境隐形课程。 环境隐形课程主要由规则、法规和常规等构成，这也是让儿童在学习过程中健康成长的重要部分。 空间学习是将常规课程与环境隐形课程进行结合，是多种认知和非认知因素交互作用的复杂过程，将用思维构建的物理性学习的认知空间,用缤纷的艺术体验拓展认知空间的维度建构想象空间进行交互融合，建立科学系统的发散性思维的学习模式。 这种空间学习的方法用艺术形式的多样性来增加学习认知体验的多元化，陶冶艺术思维的创造力，让儿童真正在色彩斑斓的美感世界中感受到浸润与滋养，获得多维度的艺术体验。

　　空间学习,是用思维构建物理性学习的认知空间,用缤纷的艺术体验来拓展认知空间的维度,建构想象空间,且在两种因素交互融合的作用下建立科学系统的发散性思维的学习模式。空间学习是多种认知和非认知因素交互作用的复杂过程,在儿童脑海中构建一个立体多维度的知识体系。在横向上,课程设计中不仅有平面的图形创意,技能技巧的训练,还能进行立体的、解构的、堆叠的艺术实践,让儿童全方位沉浸在立体的创作乐趣当中,手眼脑等多种感官参与学习;在纵向上,学习不仅仅包含书本上的知识,还应从音乐、自然、历史、雕塑、建筑等各领域汲取信息并获得体验,扩充孩子思想的深度,增加绘画语言的多维性。① 孩子在脑海中搭好点线面的知识构架之后,教师可拓宽其想象思维中时间与空间的疆界,鼓励儿童发散性思维,增加思维的广度和深度。

　　南昌市北湖学校美术组是一支活跃进取的年轻团队,她们在创意中开拓进取,在爱心中默默奉献。现有美术教师3人,曾获得学科骨干、学科带头人称号,多次在省市区各级优质课基本功大赛中获奖,专业素养突出。美术组以社会主义核心价值体系为导向,以弘扬优秀的中华传统文化为基石,力求体现素质教育的要求,秉持"让每个孩子获得多维度艺术体验"的理念,充分发挥团队的力量,集思广益,通力合作,使儿童在积极的情感体验中发展出多维度的现代艺术审美。

---

① 彭娅,黄云.为学习而变:"AI+"时代的学习空间重构[J].北京:中小学管理,2018,(10):34—37.

第一节　全观打开与艺术对话

一、学科价值观

随着人类社会的快速发展，新维度的介入不断拓展着人类的认知。互联网、大数据、人工智能逐步进入教育领域，在方方面面对教育环境和学习者的学习能力产生了积极的影响与改变。站在时代节点的我们需要全观打开，打破传统教学壁垒，通过空间学习重构教学理念，办有大格局的教育。以多维的视角观看万物，而非约束在某一点面，把这种对"无界"的追求贯穿在学科教学中，让艺术为孩童呈现无限的全观镜像，多维度多角度多方位地陶冶其思维的创造性，使儿童打开全观，与艺术对话。①

《义务教育美术课程标准(2011年版)》指出："美术课程以对视觉形象的感知、理解和创造为特征，是学校进行美育的主要途径，是九年义务教育阶段全体学生必修的基础课程，在实施素质教育的过程中具有不可替代的作用。美术课程应凸显视觉性、具有实践性、追求人文性、强调愉悦性。"基于对新课标的解读，我们认为美术课程是基础教育中不可或缺的一部分，美术课程需要培养四性：视觉性、实践性、人文性、愉悦性。

我们以"多维度的艺术体验"为课程开发的理论依据，旨在让儿童领略艺术的多样性和欣赏不同艺术形式带来的美感，凸显美术课程的视觉性。

以"构架系统的空间学习"为课程的灵魂，让儿童大胆创造，在美术学习中运用各种传统媒介或新媒体材料创造作品，进行立体的、解构的、堆叠的艺术实践，发展其想象能力、实践能力和创造能力，以此培养艺术的实践性。

以"睁眼看世界"为课程实施方法，带领孩子在课堂上、网络里、博物馆等不同空间去欣赏和探究。学会用艺术的眼睛去感受世界，让儿童在美术学习中学会欣赏和尊重不同时代和不同文化背景下的美术作品，培养人文情怀。

---

① 张广兵.翻转课堂的多维度反思[J].山西：教学与管理(理论版),2018,(7)：13—16.

以"精彩纷呈的课程内容"为手段,通过"实景空间""项目课程""主题式学习",以及智能技术等新兴内容让儿童在愉快的学习氛围中,自由抒发情感,表达个性和创意,增强自信,架构缤纷的艺术体验。

二、 学科课程理念

依据《义务教育美术课程标准(2011年版)》的文件精神,立足儿童身心发展特点,结合我校美术学科的实际情况,我们认为对孩子进行科学系统的美术教育刻不容缓。基于以上思索与探究,我们提出了"让每个孩子获得多维度的艺术体验"为核心的美术教育理念,帮助儿童构建系统的空间学习方式,用艺术眼光的多样性来增加学习认知体验的多元化,陶冶艺术思维的创造性,使之真正在色彩斑斓的美感世界中感受到浸润与滋养。

毕加索曾说:"我用一生的时间去学习像孩子那样画画。"灵性是一个人本质的东西,可是在后天的约束下,灵性往往会逐渐消褪。儿童天生有灵性,因为他们对眼前的世界都怀着好奇的心,灵性只要能被发现和保护,自然就能深扎于孩子的心中。我们尊重孩子的心理发展规律,坚信每个孩子都是艺术家。

让儿童带着艺术的眼睛去感受世界,让儿童在美术学习中学会欣赏和尊重不同时代和文化的美术作品,关注生活中的美术现象,培养人文精神;同时儿童在美术学习中除了通过欣赏获得审美愉悦之外,还应认知作品的思想内涵、形式与风格特征、相关的历史与社会背景,以及作者的思想、情感;学会用语言、文字、动作等方式自由抒发情感,保持独特的见解,以此表达个性和创意,增强自信心,养成健康审美。

(一) 人人都是艺术家

人类的艺术史,就是想象力发展的历史。谁最有想象力? 孩童。我们的美术教育不应该是片面的、局限的,而应该针对每一个孩子。"人人都是艺术家"这不只是一个口号,而是我们的大胆宣言。美术来源于生活,而高于生活,在教学中,教师从艺术的本质出发,选择基础的、孩子喜欢的、了解的身边事物入手,有利于儿童了解美术知识,发展美术技能。教学内容与儿童的生活经验紧密联系,循序渐进、由浅入深,能帮助孩子逐步体会美术学习的特征,从方方面面让儿童学习感受到艺术教育的浸润与滋养。

（二）兴趣引导学习

兴趣是学习美术的基本动力之一。美术课程强调通过发挥美术教学特有的魅力,使课程内容与不同年龄阶段儿童的情意和认知特征相适应,以灵活多样的教学方法激发儿童的学习兴趣,并使这种兴趣转化为持久的情感态度。美术课程注重内容与儿童的生活经验紧密联系,发挥知识和技能在帮助儿童提高精神和生活品质方面的作用,让儿童在实际生活中领悟美术的独特价值。

（三）追溯古今，传承人文

在艺术中,我们可以追溯时间的长河,可以一览世界的全貌。通过种类繁多的欣赏类美术课程设计,让儿童了解人类文化的丰富性,在广泛的文化情境中认识美术的特征、美术表现的多样性以及美术对社会生活的独特贡献,并逐步形成热爱祖国优秀文化传统和尊重世界文化多样性的价值观。

（四）注重积累，勇于创新

现代社会需要充分发挥每个人的主体性和创造性,因此,美术课程特别重视对儿童个性与创新精神的培养,教师要采取多种方法,帮助儿童学会运用美术的方法,将创意转化为具体成果。通过综合学习和探究学习,引导儿童在具体情境中探究与发现,找到不同知识之间的关联,发展综合实践能力,创造性地解决问题。

第二节　构架五观培育四维

翻转课堂(Flipped Classroom),成为当下最热的教育改革和教育创新话题之一。它指的是正式学习中,学生在课前利用教师分发的教学材料(音视频、电子教材等等)自主学习课程,接着在课堂上参与同伴和老师的互动活动(释疑、解惑、探究等等)并完成练习的一种教学形态。翻转课堂正在给教育带来颠覆性的变革。早期研究这一领域的哈佛大学埃里克·马祖尔根据这一论点将学习分为两个步骤"首先是知识的传递,然后是知识的内化"。过去教学只重视学习过程的第一步"知识传递",忽略了第二步"吸收内化"。实验证明计算机辅助教学可以帮助解决知识传递这一步骤,而同学互助教学能促进学习的吸收内化,使学习正确率增加一倍。因此他认为教师角色可以从教授者变成引导者,把重心放在学生对知识的吸收内化上,指导学生间的互助学习,并帮助学生解决一些常见的误解。根据这一观点,重构儿童的教育模式尤为重要,我们需要建立科学系统的、具有发散性思维的空间学习模式,构架"五观",培育"四维",让儿童学会自主学习,做到"课堂前知识传授,课堂内知识内化"。

《义务教育美术课程标准(2011年版)》又指出:"学生以个人或集体合作的方式参与美术活动,激发创意,了解美术语言及其表达方式和方法,运用各种工具、媒材进行创作,表达情感与思想,改善环境与生活,学习美术欣赏评述的方法,提高审美能力,了解美术对文化生活和社会发展的独特作用。"

基于美术课程学科性质的认识,以及课程目标中对儿童不同维度的学习要求,结合现有教材,我校美术以培育儿童的发散性思维模式为本,以合作学习自主学习为指导思想,构架"五观"(艺术观、知识观、学习观、趣味观、历史观),培育"四维"(想象与联想、灵感与直觉、理智与情感、形象思维与抽象思维),以培养儿童的综合美术素养为己任,使之获得多维度的缤纷艺术体验,对美术学习保持持久兴趣。

一、 学科课程总体目标

（一）知识与技能

知识与技能是在美育过程中教师传授的知识与能力，是美术课程教学中的重要组成部分。在整体构架中，掌握基本的绘画技能和美术知识是基石，它包括让孩子能够运用线条、图案、颜色、不同的肌理效果等美术绘画语言来绘制一幅造型独特、具有一定空间效果和明暗对比的作品；学会运用卡纸、剪刀、黏土、纸盒等不同材质的工具来拼贴成一个手工作品等。基石决定孩子能走多远，而在上层建筑中，我们重塑的是理念是知识观，包括对美术的定义，艺术素养的形成，这决定孩子能飞多高。

（二）过程与方法

教授时使用何种过程与方法是对教师的一种考验，学习的过程不应该是苦涩的、艰难的，让儿童能够用自己喜欢的方式参与美术学习当中去，才能激发创意，迸发灵感。学习方法多元化，才能鼓励创新，让孩子更好地参与学习。

1. 信息技术创情境：多媒体技术是现代文明带来的一柄"利器"，孩子喜欢新兴事物，喜欢 VR，喜欢人机互动，我们应与时俱进，与时代共成长。充分利用信息技术直观、形象、生动、再现等功能，创设情境，吸引兴趣，提高课堂教学效果。许多文字、语言不能达成的事情，运用电脑等新兴科技能迅速达成，这是传统教学媒体无法企及的。

2. 自主学习重体验：人类最基本的学习形式，是让孩子在艺术实践中，反复观察、体验、实践、内省，在不知不觉中完成美育熏陶。

3. 合作学习共探究：儿童们会主动地参与美术活动中。在轻松的学习氛围中，激活了孩子的表现欲望和创作冲动，在主动参与中展现了他们的个性和创造才能，使他们的想象力和创造性思维得以充分发挥。以小组为单位的合作学习中,多采用竞赛方式,对于发挥孩子的能力和潜力有促进作用,能增强同学们的集体荣誉感,促使小组成员相互团结,发挥团队精神,从而激发了儿童参与学习、乐于学习的兴趣和动机,为他们主体性的培养与发展提供了无穷的动力。

4. 融合学科创先行:《义务教育美术课程标准(2011 年版)》中指出"以融合学科教学的方式改革我们的课堂教学。课程设计就要摆脱旧的教学模式,不应再是单纯的美术课,而是在教学内容上综合了音乐、语文、数学、自然及科学等学科知识"。因此,我们在满足儿童表现欲的同时,提高他们的创造力。例如:对历史知识的了解可以让孩子们更深刻地欣赏美术名作;借助语言文字的描述可以激发儿童丰富的想象能力;通过音乐欣赏可以使画面充满韵律感;在教学中可以巧妙利用美术与语文学科联系,进行故事插画、日记画、诗配画等。这一堂堂与其他学科沟通、联系的教学内容,使得学科间的知识相互渗透、有机结合。

(三) 情感态度与价值观

每堂课都是一颗种子,悄悄地埋在孩子心田,若能不断播种施肥,就能静待花开。教师要把握每个教育契机,有目的地进行激励引导。丰富具有审美价值的教学内容,能够启发儿童的想象力,培养其视觉思维的习惯和能力,提高孩子们的欣赏水平和审美格调,在丰富多彩的学习探究活动中,引发儿童对美术和美术文化的持久兴趣和积极关注。

通过学习美术欣赏评述的方法,能提高儿童的审美能力,使他们了解美术对文化生活和社会发展的独特作用,并且能以鉴赏评述等方式领略中外著名美术家及代表作品,表达自己对美术作品独特的见解。

二、 学科课程年级目标

根据《义务教育美术课程标准(2011 年版)》的要求,结合我校美术学科课程总目标以及一至六年级的教材、教参,我们将美术课程年级目标设置如下：

一年级：通过观察身边的人物，或者观赏大自然中动植物的特征，如回忆快乐的童年趣事；想象香喷喷的美餐、凶猛的大狮子等。通过撕、贴、粘、画等方式进行组合，拼接出有创意的图案。又或者是利用植物叶片上的纹路与特殊的叶片形状，开动脑筋拼一拼，再添上几笔，完成一幅树叶拼贴作品。用游戏的方式培养儿童的思维能力、创新能力。能用简短的话语大胆表达感受，体验设计和制作的快乐。

二年级：关注自然界与日常生活中的形与色，知道线条、形状、色彩的组合与变化是构成看得见的美的世界的基本要素。通过观摩视频、图片等，欣赏与了解民间剪纸、扎染等传统艺术的魅力。初步接触扎染和剪纸等中国民间的传统手工工艺，并能尝试运用所学相关知识与技法，动手动脑设计，或剪或染出新颖有趣的图案。通过学习，珍视民间美术与文化遗产，增强民族自豪感。

三年级：解锁色彩的奥秘，了解三原色、对比色、相近色，运用所学的色彩知识画出不同创意绘画。了解基本的构图知识，能理解在绘画作品中表现物体近大远小的空间关系，能合理地安排画面。初步认识单色纸版画、套色纸版画，并掌握用不同的笔在吹塑纸上刻出不同的效果及肌理。学会捏、按、印、结、盘条等基本黏土制作的技法，并学会进行细部刻画。通过不同角度观察各种动物图片的形态特征。让儿童从小学会观察事物，提高动手能力。

四年级：十岁左右的孩子正处于形象思维向抽象思维过渡的阶段，独立思考的意识开始增强，有较强的想象力和创造力。在这个过程中儿童能通过观察、认识与理解形状、颜色、肌理等基本造型元素，学会运用对称、均衡、重复等形式，按照自己的意图选择媒材，合理使用工具，表达对未来世界的畅想，如未来的建筑，未来的家电等，激发他们的创新意识和创造能力。在鉴赏方面，能学会从多角度欣赏与认识美术作品，逐步提高视觉感受、理解与评价能力，能够走进中国传统美术文化的世界，启迪智慧，感悟祖国灿烂而伟大的文明。

五年级：高年级的孩子已经具有了一定的分析能力和理解能力，能够进行探究性、综合性的美术活动。能够理解认识美术与自然、美术与生活、美术与文化、美术与科技之间的关系。他们喜欢尝试多种表现方法，积极参与造型表现活动。有一定的空间感，了解基本的构图知识，能在绘画作品中表现物体近大远小的空间关系。对明暗、透视都有较强的求知欲，因此在这个阶段教师可加入素描速写等内容，穿插讲解透视关系，让儿童学会用线条、用明暗塑造简单物体。在此过程中，崇尚文明，珍视优秀的民族、民间美术与文化遗产，增强民族自豪感，养成尊重世界多元文化的态度。

六年级：鼓励孩子积极参与到美术活动当中去。观看美术作品和美术展览，逐步扩大所接触的题材和艺术样式。学习中国传统水墨画中勾、皴、点、染的山水画技法；了解新颖前沿的装置艺术；尝试与信息技术相结合，用电脑绘画软件进行艺术创作；感受所接触的各种不同类型画种所带来的美感特性。能根据不同材料的特点，结合自己的创作意图，灵活运用描绘、折叠、编织、拓印等方法创作美术作品。有所思有所得，建立大美术观念，利用互联网、书籍查阅资料，赏析中外名家大作的艺术作品，勇于表达自己对美术作品的独特见解。

第三节　架构多维几何空间

基于"让每个孩子获得多维度艺术体验"的学科课程理念和确立的课程目标，我校"灵雅美术"课程设置分为基础性框架课程和拓展性创意课程。基础性课程是美术知识的传递，是美术学习的共性教育，旨在让儿童能够掌握技法学会画、合理选材大胆做。拓展性课程是指发散性学习，是知识结构的内化，使儿童在会画能做的基础上学会分析、理解，有想法地个性化学习。随着学习知识的深入，儿童如果没有一个系统的整理，会多而杂乱，也无法进行深层学习，这就需要我们用思维在脑海里建立一个多维的几何空间，先用基础性课程在脑海中搭好知识框架，再加上拓展性创意课程无限拓宽时间与空间的疆界，鼓励儿童发散性思维，引导他们增加思维的广度和深度。我校的"灵雅美术"课程设计中既有平面的绘画创意设计和技能技巧的训练，也有通过欣赏讲解后现代波普艺术、雕塑、建筑、工艺作品等，运用其设计原理，进行各种前沿的新颖的艺术实践体验，多维度地让孩子沉浸在创作的乐趣当中。学者无涯，思者无疆。全观打开，与艺术对话，这种"无界"感就是对艺术最大的解读。

一、学科课程结构

依据《义务教育美术课程标准（2011年版）》四大领域的模式设置，我校的美术课程设置"灵雅造型"、"灵雅设计"、"灵雅赏析"、"灵雅探索"四大板块。为了实现上述美术课程目标，我们建立本校的美术课程框架如下（见图5-1）：

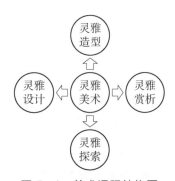

图 5-1　美术课程结构图

（一）灵雅造型

造型即创造形体，是美术的主要特征。它指的是以丰富的物质材料，如绘画用颜料、墨、绢、布、纸、木板、泥、玻璃、铁丝、石块、金属等和各种手法所创造的可视、静态的空间形象。它是一种再现空间艺术，也是一种静态视觉艺术。它主要包括绘画、雕塑、摄影艺术、书法艺术、版画、工艺美术、篆刻、艺术设计等。引导儿童主动寻找与尝试不同的材料，探索各种造型表现方法，进行造型表现活动。鼓励孩童自由地表达天马行空的创意和天真烂漫的情感。我们不仅关注儿童美术学习的结果，更重要的是重视儿童全身心地参与活动和探究的过程。

（二）灵雅设计

随着大数据时代的到来，视觉文化的兴起，核心素养的提出，尤其是党的十八届三中全会明确提出"改进美育教学，提高儿童审美和人文素养"的要求，兼具理性与感性，具有综合处理能力的设计思维逐渐受到人们的重视，设计思维训练迫在眉睫。小学时期是儿童思维发展的重大转折时期，开始从具体形象思维逐步向抽象逻辑思维过渡，初步具备人类思维发展的完整结构。如何在小学美术课堂中进行设计思维训练，是一项值得探索的课题。"灵雅设计"便是对此进行的大胆尝试。我们选择的教学内容从儿童喜欢的、了解的、身边的事物入手，如设计未来的家用电器、机器人、多功能的房屋、吉祥物等等，孩子通过观察、研究、分析再合理想象，运用对称、均衡、重复、对比等美术原理，或绘画或制作出全新功能的设计作品，一个充满童趣且赋有艺术气质的物品就出现了。设计内容与儿童的生活经验紧密联系，循序渐进地从方方面面让儿童学习感受到设计的快乐。

（三）灵雅赏析

一件艺术作品，在其具有的形式美的感受之外，还赋予了更深层次的寓意，能够创造出更强烈的情感。在这种情感下，鉴赏者与艺术作品的距离更为亲密，对艺术作品的解读将更加深入。现代艺术以一种多维度的审美趋势发展着，人们能够在各种艺术形态下体验到美。艺术赏析是重复艺术作品的"接受"——感知、体验、理解、再创造等综合心理活动，是人们以艺术形象为对象，通过艺术作品获得精神满足和情感愉悦的审美活动。通过美术鉴赏课程，孩子们能了解美术不仅仅是单纯的绘画作品，还有雕塑、工艺、建筑等等富有内涵，形式多样的艺术瑰宝，网罗中外古今优秀的艺术珍品，大量具有审美价值的佳作，展示在儿童的面前，如我国的青铜器、唐三彩、水墨画，外国的雕塑、壁画、油画，现代的波普艺术，装置艺术等，从多角度多维度进行分析、讲解、欣赏、探讨作品，逐步提高儿童的审美，使儿童形成热爱中华民族文化、尊重世界多元文化的情感和立场。

（四）灵雅探索

探索，指研究未知事物的精神。"灵雅探索"加强跨学科教学的研究，综合运用各学科的知识、技能创造性地解决问题，采用造型游戏的方式，内容与语文、音乐、品德或平时儿童的生活相联系，根据故事、童话或者某一特定情境进行各种有主题的想象、策划、创作和展示。

"灵雅探索"注重引导儿童主动研讨和探索，目标是锻炼孩子们动手创作能力和合作沟通能力，唤起对未知领域探究的欲望，开发儿童的发散性思维以及对事物的分析、表达、理解能力。

二、 学科课程设置

依据学科课程结构，"灵雅美术"学科课程设置有横向分类和纵向布局。横向分类有灵雅赏析、灵雅造型、灵雅设计、灵雅探索四个板块，纵向分类为六个年级(见表5-1)。

表5-1 美术学科课程设置表

课程维度	课程安排	灵雅造型	灵雅设计	灵雅赏析	灵雅探索
一年级	上学期	灵创叶贴	巧撕达人	童心童画	你说我画
	下学期	有趣的脸	弹簧宝贝	童眼看世界	自然之歌
二年级	上学期	经纬印染	巧手剪纸	民间巧匠	一起去旅行
	下学期	小手画线描	纸盒变变变	青花瓷	我的家园
三年级	上学期	流动色彩	黏土大师	插画的世界	健康100分
	下学期	巧手创新	吹塑纸板画	走进埃及	昆虫世界
四年级	上学期	科幻创想	多彩建筑	水墨大师	童话小剧场
	下学期	传统魅力	机器人	民间艺术	跳蚤市场

续　表

课程维度	课程安排	灵雅造型	灵雅设计	灵雅赏析	灵雅探索
五年级	上学期	未来设计	思维素描	雕塑初探	编辑部的故事
	下学期	古韵脉搏	巧手创新	外国古建	爱心接力赛
六年级	上学期	线描古建	数码艺术	山水赏析	和平使者
	下学期	实验水墨	能工巧匠	装置艺术	小小策划师

第四节　多维展现创美成果

　　任何一种艺术形式都有自身的表现形式,美术的表现语言有线条、形状和色彩等,美术作品就是运用这些方式与他人进行信息交流的。艺术体验的情感性可以导致艺术深层意蕴的发现。在创作体验中,情感灌注对象的结果,就是让对象的意蕴显露出来。在创作展现中,表达是儿童精神世界的再现。美术是以视觉形象承载和表达人的思想观点、情感态度和审美趣味为主的学科,它丰富了人们的精神和物质世界。美术学习是一个生动活泼的、积极主动的和富有个性的过程。美术学科课程的实施要求符合儿童的认知规律,贴近儿童的实际能力,这样有利于孩子体验与理解、探索与创新。根据符合儿童的年龄特点,课程内容的组织形式要重视直观性、动手实践性、自主探究与合作交流,这些是儿童学习美术学科的重要方式,在课程的实施过程中,教师要为儿童创设良好的情境、空间、时间、方法,帮助儿童逐步体会美术学习的特征,为美学奠定基础。

　　为此,根据"灵雅美术"的课程理念、学科特点、课程目标等方面的要求,我校美术学科课程通过构建"灵美课堂"、实施"灵雅课程"、打造"灵雅美术社"、举办"灵美书画艺术展"活动等多种路径推进，依据学情，由浅入深，分各年级、分学期实施开展活动，多维度全方位地展现创美成果。

一、 构建"灵雅课堂"，奠定美学之基础

"灵创课堂"是我校遵循"以湖为镜，以创为行"理念，享受生命精彩的"灵创教育"的教育哲学，在长期课堂教学的过程中，生成的一种动静结合的课堂教学形态。在"灵雅美术课堂"中体现出人文精神、灵思创想，做一个有品位的人，以绘画为载体，从感知觉、动觉中，使儿童运用多样化的材料和不同的创作方式，来发现美、感受美、欣赏美、创作美。

二、 建设"灵雅课程"，丰富美术课程内涵

（一）"灵雅课程"的建设路径

1. 创设情境，激发兴趣

在教学实践中，要充分发挥教师的教，以儿童的学为主导地位，从儿童的兴趣出发，根据学习内容，提供挖掘各种直观形象的教学资源来导入创设情境，激发学习兴趣。

2. 内容丰盈，形式多样

学习源自于生活，生活离不开学习，美术更是理论联系实践更为紧密的课程，因其学科特殊性，美术学科可结合生活实际进行拓展学习。"灵雅美术"把知识拓展、日常生活等各方面的资料引进课堂，丰富课堂内容，创新课堂形式，从而培养儿童对美的欣赏，对生活的热爱与追求，体现情感、态度、价值观的转化，体会心灵与生命的成长。

3. 自我展示，智慧分享

美术课程是一种开放的、感性的、动态的愉悦的课程，没有好与坏的差别，它是一个自我展示的过程，一个交流和互动的过程。美术要面向全体儿童，在组织课程内容，采用教学方式中都要体现这点。在学习过程中，力求有

丰富的情感、饱满的激情、审美的眼光,在展示分享中对儿童的情感、态度、策略进行及时客观的评价,鼓励儿童自我提高、自我反思,分享创作过程,共同成长进步。

4. 发散思维,共同成长

提高发散思维能力是提高创造力的一个重要因素,兴趣是最好的老师,想要打开儿童的思维,就必须培养儿童善于从多角度观察问题、发现问题、解决问题的思考方法。它才能真正体现师生的教学相长,共同成长。

总之,"灵雅课堂"是形式多样、丰富多彩、生动有趣的,扎根于基础,创造于未来。构架五观(知识观、儿童观、学习观、教师观、教学观),四维(想象与联想、灵感与直觉、理智与情感、形象思维与抽象思维)的"灵雅美术"课堂,让美术课堂由传授一笔一画到理论与实践的结合。

(二)"灵雅课程"的评价要求

美术课程评价应以儿童在美术学习中的客观事实为基础,根据"灵雅美术"课程的特点,以美术课程标准为依据来制定。学校从教学分析、教学目标、教学重难点、教学内容、教学过程、教学方法入手,制定了"灵雅美术"课程评价标准,能促进教师专业发展,引领课堂发展方向,使教师更加重视美术学习能力、学习态度、情感和价值观等方面的评价。

通过有效的美术学科评价,还能促进儿童对美术的学习兴趣,保护儿童的个性,完成美术课程的教学目标。《义务教育美术课程标准(2011年版)》下对美术课程价值的体现如下:1. 陶冶儿童的情操,提高审美能力。2. 引导儿童参与文化的传承和交流。3. 发展儿童的感知能力和形象思维能力。4. 形成儿童的创新精神和技术意识。5. 促进儿童的个性形成和全面发展。

通过评价,促进教师的专业成长,查漏补缺,及时发现和解决教学中的问题。评价仅仅是个手段,我们更多关注的是教育的全过程。因此,评价儿童一定要多元化,包括活动性评价、诊断性评价、总结性评价、作业评价、档案袋评价等。不能靠一张画或一次活动来简单地评价儿童,也不能笼统给一个等级或是一个分数,应着重从以下几方面对儿童进行质量评价。教师要对儿童的可持续发展有所关注,儿童对自己的美术成长也有一个纵向的比较(见表5-2)。

表5-2　灵雅美术课堂教学评价表

学校	班级	授课教师	课题	授课时间	
评价项目		评价要点		分值	合计
教师教学行为	教学目标	1. 目标明确、具体、针对性强,体现《课标》理念,符合儿童实际,并落实在教学全过程。 2. 面向全体儿童,注重个性,关注情感、能力、知识技能、过程与方法的整合。		10	
	教学设计	1. 具备良好的学科知识、技能,并通过精心的设计,创设适宜的情境,将有趣而又有效的教学方式呈现给儿童,让儿童学得轻松,学得灵活。 2. 围绕目标多渠道、利用课程资源和儿童生活资源开发和设计课程。		5	
	教学内容	1. 生动、形象,富有美感,有利于儿童的美术审美学习和文化学习。 2. 有利于陶冶儿童性情和高尚情操,有利于儿童创造能力与实践能力等多种能力的培养。 3. 创造性地使用教材,教学容量适当,深浅适宜。		10	
	教学方法	1. 结构科学合理,教学环节安排恰当,调动儿童主动学习,提供儿童选择机会,促进儿童多元发展。 2. 教学方法有新意、启发性、激励性,指导儿童及时、灵活、有效。 3. 恰当和正确运用教具及现代教学手段,教学有特色。		10	

续　表

评价项目		评价要点	分值	合计
	教学效果	1. 全面落实教学目标,体现审美主线与创新精神的培养。 2. 在教学内容、策略、模式、媒体、方法等方面进行有效开发和创新。	5	
	教学评价	1. 重视评价的多元化,重视儿童学习能力、学习态度、情感价值观的提高。 2. 评价以人为本,区别对待,以发展性评价为主,互动性评价为辅。	5	
	基本素质	1. 有先进的现代教育教学理念,并能体现在课堂教学的每一个环节中。 2. 教态自然大方;示范熟练、准确、有启发性;语言精练、生动,应变能力强。 3. 板书工整、规范、美观;范作等教具准备充分、有实效、有感染力。	5	
儿童学习表现	学习态度	积极参与体验活动的全过程,目标明确、主动活跃,具有合作精神,有全局意识,主体体现,气氛热烈。	15	
	情感意志	体验乐趣、陶冶情操、轻松愉快、勇于进取、克服困难、耐心细致、大胆果断,有良好的学习习惯。	5	
	目标达成	1. 具有美术探究和创新兴趣,审美能力和实践能力得到培养,文化得到熏陶。 2. 能用不同视觉观察感知审美对象、充分体验、想象丰富、思维活跃,获得相应的知识技能。 3. 能大胆尝试运用所学美术知识和技能进行表现与创造,展示个性。	15	
	师生关系	师生关系融洽、生生合作、和谐民主、平等互动、互相尊重。	5	
	思维状态	1. 思维空间开放好,能主动、积极提出问题,发表不同见解。 2. 提出的问题具有个性、有价值和创造性。 3. 能自主学习、合作探究、质疑问题。	10	

续　表

评价项目	评价要点	分值	合计
综合评价		总分	

备注：优秀 85 分以上、良好 76—85 分、合格 75—60 分、后进 60 分以下。

（三）评价结果

　　课堂是儿童的课堂，儿童是学习的主体，我们一切的目标，都是为了促进儿童的发展，激发儿童的学习兴趣。因此我们注重评价的过程而不是它的结果。多元的评价形式，就是为了更好地展现每一个儿童的个性，评价结果一定体现过程性，客观反映儿童在本学科的成长（见表 5-3）。

表 5-3　考察结果汇总表

姓名	最终成绩	儿童自我评价	学习目标制定	老师评语

（四）教师自我反思总结

　　教师总结本学期儿童的综合表现，建立儿童成长档案，并进行教学总结，以便更好地进行下一学期的教学。对儿童提出期望的同时，反思自己，与同学们共同进步。

三、举办翰墨溢香"灵雅书画艺术展"

我校在实施素质教育的同时,努力弘扬中华精神,发展儿童个性,促进儿童全面发展,积极组织形式多样、丰富多彩的艺术活动,形成了浓厚的艺术文化氛围和良好的育人环境。学校征集书画、手工等美术作品,展示儿童的学习成果,调动儿童的积极性,又营造了格调高雅、充满朝气的校园文化艺术环境。

(一)"灵雅书画艺术展"的创建实施

"灵雅书画艺术展"由学校主办,美术组承办。为切实加强对活动的领导,指导具体的分工,学校成立书画比赛活动小组,进行前期设计方案、收集材料、实施过程等一系列准备工作。

1. 参展的作品要求:运用绘画语言表达对生活的感受和理解,思想健康向上,创意新颖独特。

2. 作品内容要求:反映爱祖国、校园生活,贴近儿童实际,主题突出,内容积极向上,提倡表现形式多样,鼓励原创。有一定完整性,具有艺术表现力和感染力。

3. 尺寸要求:国画、软笔四尺,硬笔16开,书体不限;绘画4开大小。

4. 作品种类:儿童创意画、线描、漫画、素描、水粉、水彩、国画、电脑绘画、硬笔书法、软笔书法;作品题目用铅笔写在背面右下角,并标明作者姓名、班级。

5. 作品数量:各年级美术老师收集,每班各类型画种提供2幅画。

6. 奖项设置:

(1)绘画类:设一、二、三等奖,优秀奖若干名。

(2)书法类:软硬各设一、二、三等奖,优秀奖若干名(见表5-4)。

表5-4 "灵雅书画艺术展"实施表

展示类别	活动内容	组织实施
儿童绘画展	儿童阳光、积极、向上、活动，丰富儿童校园文化生活为主题开展书法比赛。	各班评选出优秀作品进行校内展示。
OM手工区展	OM头脑风暴，各级各类的综合性材料，平面的、立体的DIY创作。	儿童自主创作，利用不同的材料(环保、废旧)，班级先评选后进行校园展示和现场制作。
儿童书法展	发扬中华传统文化，传承书法艺术，共创美丽校园	师生一同参加，评选出优秀作品进行校内展示。

（二）"灵雅书画艺术展"的评价要求

通过"灵雅书画艺术展"活动，展示儿童多样的特长，搭建儿童之间展示、沟通交流的平台，全面促进儿童综合艺术素质的发展。充分认识艺术节活动的重要意义。各班、各责任教师要精心组织，激发调动每位儿童参与的积极性，并在各项活动中加强指导，用高水平的作品充分展示我校实施素质教育的成果。要引导儿童热爱美、欣赏美、创造美，培养儿童的艺术创新精神和实践能力，在活动中提高艺术素养，展示艺术才华(见表5-5)。

表5-5 "灵雅美术艺术展"评价量表

评价项目	评 价 内 容	得分
活动开展(15分)	1. 活动内容生动有趣，体现实用性，能激发儿童参与的热情。 2. 活动贴近生活，具有创新性。 3. 活动具有针对性，能切实提高儿童的美术素养。	

续　表

评价项目	评　价　内　容	得分
内容丰富 (20 分)	1. 内容符合《义务教育美术课程标准(2011 年版)》的要求。 2. 知识有一定的拓展,在儿童积极参与活动的同时,也拓展和丰富自己的知识。	
儿童表现 (15 分)	1. 在活动中,儿童充分发挥自己的主观能动性。 2. 能够根据活动的要求,儿童在获得知识的同时,也得到情感上的丰富。	
活动效果 (20 分)	1. 整个活动开展流畅,各个环节衔接紧密。 2. 不仅儿童通过活动得到能力的提升,老师也能从活动得到收获。	

四、打造"灵雅美术社"让学习更加丰富多彩

为了丰富儿童的校园文化生活,继续和弘扬传统文化艺术,展示书画艺术的魅力,提高儿童的审美情趣与艺术修养,为儿童提供一个发展的平台。社团活动的开展,作为学校课堂教育的外延,发挥着重要的作用。我校将创设良好的艺术氛围和学习环境,培养儿童成为一个全面发展的人奠定基础,现开设"灵雅美术"社团,根据儿童年龄特征和认知规律,坚持贯彻"以人为本,育人为本"的原则,有计划地进行艺术造型训练,促进绘画人才的形成。

(一)"灵雅美术社"的活动创建与实施

通过一系列的活动,提高儿童的绘画能力、表现能力、创造能力及欣赏能力等。"美雅美术社"计划如下:

1. 由美术组长总负责制度,美术组其他老师合作分工,订立必要制度,教育儿童自觉遵守学习制度。明确学习目的,培养勤奋好学的学习习惯,促

进儿童的全面发展。

2. 做好教学组织工作,在儿童自愿报名参加的基础上,挑选各班有一定美术基础的儿童参加。

3. 根据学校的统一安排,一般情况下每周组织一至二次课程。

4. 在学期结束时,举办儿童的美术作品展,展示儿童的学习成果。

5. 活动地点：美术室、教室。

6. 开设课程：绘画类(创意儿童画、叶贴画、线描画、素描画、动漫画、水彩画、中国水墨画、精美纸浆画、复古牛皮纸画);书法类(硬笔书法、软笔书法);手工类(剪纸、泥塑、变废为宝);科技类(3D打印、数字油画、电脑绘画)等。

7. 组织儿童积极参加各级各类书画比赛,为儿童提供更高的艺术舞台,为儿童提供表现自己实力的机会,增强他们的自信心,使儿童产生极大的热情,从而更加热爱美术,更积极认真地学习。

基于以上计划,我校美术组出台了相应的社团章程、儿童社团管理制度等,努力使社团工作有章可循,逐步摸索出贴近儿童实际需求,符合儿童社团发展规律的方法来提升社团综合品质,这是我校"灵雅美术社"文化发展的根本方向,致力于打造一支有情怀、高水平,集"灵雅"于一体的综合性儿童美术社团。

（二）"灵雅美术社"的评价要求

根据"灵雅美术社"的内涵实质特点,从教学目标、教学方法、教学内容、教学过程等方面制定"灵雅美术社"课程评价标准,区分"灵雅课堂"和"灵雅美术社"的同时,也可以起到融会贯通、相互促进的作用,促进教师专业发展,引领课堂发展方向(见表5-6)。

表5-6　"灵雅美术社"评价表

评价项目	分值	评 价 标 准	师评
出勤情况	20分	实行签到制度,按时参加社团活动,不迟到,不早退。	
活动过程	20分	目标明确,活动主题积极健康,内容丰富,形式生动,组织有条理,过程有序开展,儿童满意度高。	
	20分	社员参与热情,气氛热烈,能充分发展自我特长,团结协作,在互动中提升自己。	
活动效果	20分	能达成预期目标,形成自己的学习成果,积极参与社团成果展示交流。	
特色创新	20分	成果作品有特色、有创新、有亮点。	
总体评价		综合性评价打分	

案例一

"灵雅美术社"

灵雅造型：有趣的脸

学情分析：想象力是艺术发明的源泉,让孩子对自己和身边熟悉人的脸进行大胆想象、夸张变形,设计一张"富有生气又具有趣味的脸",通过这样一种富有挑战与具有童趣味的学习活动,给予儿童发挥个性的自由,在课程中让孩子初步感知、了解人脸的基本特征。

教学目标：

1. 知识与技能：通过学习画脸,让儿童初步了解人脸部的基本特征。

2. 过程与方法：学习用联想、夸张的手法表现人脸,促进儿童观察力、想象力和创造力的发展。

3. 情感态度与价值观：引导儿童通过欣赏不同画家笔下有趣的脸,感受不同材料、不同艺术表现手法带来的绘画效果,拓展儿童美术视野,激发儿童的学习兴趣。

教学重点：让儿童用联想、夸张的手法表现人脸。

教学难点：把人脸表现得生动、有趣。

教学用具：课件(名家名画、儿童作品)

教学方法：讲授法、演示法、讨论法、实践法等。

教学过程：

一、创设情境,导入新课

(一)使用多媒体展示三个不同表情的脸进行导入,直观地展示通过改变人脸五官而产生的不同情绪变化,趣味性地导出本节课的课题"有趣的脸"。

(二)欣赏一系列"生动有趣的脸"的照片,都是之前拍好的同班同学各种不同表情的照片。(喜怒哀乐等情绪)

这是儿童最喜欢的一个环节,屏幕中都是同学甚至自己脸部的照片,很好地吸引了他们的注意力。

二、名作欣赏

(一)赏析各种艺术作品,通过画面上造型奇特的感官刺激,激发儿童的想象力。

(二)详细讲解毕加索的《哭泣的女人》《格尔尼卡》等作品,欣赏大胆配色和独树一帜的创意,让孩子们通过观赏大师的作品,鼓励儿童们敢想敢画,勇于思考和探索,创造出属于自己独特的作品。

毕加索曾说："我用一生的时间去学习像孩子那样画画。"他崇尚立体主义,喜欢画人物,但在他笔下的人物眼睛、嘴唇、鼻子似乎杂乱无章,支离颠倒,具有常人难以理喻的特点。他追求以碎裂、解析、重新组合的形式,形成分离的画面,从多个角度来描绘对象物,将其置于同一个画面之中,以此来表达对象物最为完整的形象。这点和孩子最童真的绘画有着异曲同工之妙,让孩子走进大师,感受绘画的魅力。

三、不同类型作品赏析

（一）赏析工艺品、撕纸作品、电脑 PS 作品等，拓展儿童们的思维，让他们不再局限于纸上绘画。

（二）到儿童们自己思考的阶段，让他们自己想象什么样的脸更有趣，尽量给他们提供充足的想象空间，让他们拥有绝对的自由。

四、自由创作

孩子大胆创作，教师巡回指导，及时表扬优秀的作品。

五、欣赏孩子作品

PPT 上展示一些儿童作品供孩子们欣赏，布置作业，按要求完成作品，帮助他们更好地完成画作。

六、展示交流，孩子们自评与互评

"灵雅美术社"

灵雅设计：多彩建筑

教学目标：

1. 知识与技能：了解建筑的一些特点，并制作一个简单的建筑模型；

2. 过程与方法：指导儿童自己在网上进行调查与讨论，充分利用多媒体的优势，鼓励自主学习，多思考，多探究。

3. 情感态度与价值观：让儿童了解建筑的同时，知道一些中国传统建筑，增强儿童热爱祖国，热爱中国文化的情操。

教学重点：通过本课的学习，了解各国建筑的一些基本特点，并选择合适的材料设计制作一个简单的建筑模型。

教学难点：通过本课的学习，对建筑有一定的了解，并能利用建筑设计的基本原理，设计一个具有创意与功能的建筑模型。

教学过程：

一、设置情境，导入新课

当我们走在街上，可以看到很多拔地而起的高楼大厦；当我们从城市到农村，我们可以真切地感受到建筑的差异；当我们走出国门，会发现国外的建筑风格和形式就更加截然不同了。由此看来，建筑真的是丰富而多彩的啊。那么，你都见过哪些让你印象深刻的建筑呢？（情境设置，激发儿童学习兴趣）

二、自主学习，分小调查研究

（一）什么是建筑？

（讨论查找的资料并回答，锻炼儿童收集分析和表述信息的能力）

（二）具体研究：

1. 以小组为单位，进行辩论

桥、纪念塔、防空洞、造船台是否是建筑？教师小结

（讨论回答，提高儿童语言表达能力和思考能力）

2. 给自己所居住的房子快速地画个图

要求：不仅有屋子还有周围环境；简要文字说明对屋子的态度。

3. 观察本地区各种建筑，写出建筑名称（提高儿童搜集信息、分析能力。）

4. 观看多媒体，展示各个不同地域不同国家的建筑，让孩子们猜一猜分别是哪个国家的建筑，并进行分析讲解，让孩子从中感受到建筑的魅力，学会从大自然当中汲取灵感。

（教师搜集一些有特点的建筑，如鸟巢、苏州博物馆等来提高儿童表达能力和认识能力）

如：悉尼歌剧院可谓光彩夺目，足以让任何人在看到它的第一眼就爱上它，独特的造型在脑海里不会忘记。反传统的造型使游人从不同的角度观察，会收获到不同的景色与观赏体验。在建筑的细部组成上，建筑物由 4 块巍峨的大壳顶组成。这些"贝壳"依次排列，前三个一个盖着一个，面向海湾依抱，最后一个则背向海湾待立，看上去很像是两组打开盖倒放着的蚌。高

低不一的尖顶壳,外表用白格子釉面铺盖,在阳光照映下,远远望去,既像竖立着的贝壳,又像两艘巨型白色帆船,飘扬在蔚蓝色的海面上,故有"船帆屋顶剧院"之称。

5. 交流各自的资料,说一说自己了解的现代建筑特色,提高儿童搜集信息的能力。

三、动手操作

根据建筑的类型和特征,先绘制草图,再根据自己的设计,合理选择不同的材料制作一个未来建筑模型,类型不限,鼓励孩子大胆发挥创意,提高儿童想象力和动手操作能力。

四、活动延伸

回家继续查阅资料,并向家长或者朋友介绍一些中国民居的特点,让孩子了解中国各种传统文化。(增强儿童爱国和喜爱中国文化的意识)

中国各地的居住建筑,又称民居。由于中国各地区的自然环境和人文情况不同,各地民居也显现出多样化的面貌。中国的民居是我国传统建筑中的一个重要类型,是我国古代建筑中民间建筑体系中的重要组成内容。民居分布在全国各地,由于民族的历史传统、生活习俗、人文条件、审美观念的不同,也由于各地的自然条件和地理环境不同,因而,民居的平面布局、结构方法、造型和细部特征也就不同,呈现出淳朴自然而又有着各自的特色。中国的民居种类可以说是数不胜数,如北京的四合院,广东镬耳屋,蒙古族的蒙古包,陕西、河南的窑洞,福建的土楼等等。

案例三

"灵雅美术社"

灵雅赏析:雕塑初探——陶俑

学情分析:高段的孩子具备一定的审美能力和想象创造能力,对美有着独特的感受和表达欲,能够利用互联网查阅各种资料,对事物有一定的分析能力,能够在老师的带领下赏析艺术价值的珍品。

教学重点:体验是艺术课程学习方式之一,让儿童通过观察、分析、评论等手段掌握鉴赏的基本方法。

教学难点:学会使用正确的鉴赏方法对陶俑这种艺术形式进行分析。

教学目标:

1. 使儿童了解陶俑和雕塑的艺术特点,唤起孩子对珍贵文物的重视与爱护之情,培养他们的爱国主义情结。

2. 指导儿童了解、欣赏雕塑的艺术特点。

3. 鼓励孩子搜集有关陶俑以及中国文化的历史资料。

教学手段:多媒体课件、陶俑仿制品

教学过程:

一、谈话导入

(一)提问:什么是雕塑?说一说你见过的雕塑。什么是陶俑?

(二)雕塑的概念(课件展示)

雕塑是雕、刻、塑三种制作方法的总称,是以可塑或可雕刻的立体材料,通过不同的手法制作出的能够表达思想、观念、情感的三维实体造型艺术。按其不同的功能可分为宗教雕塑、陵墓雕塑、纪念雕塑、建筑雕塑、园林雕塑、民间雕塑、架上雕塑等。按其形式,一般分为圆雕、浮雕、透雕。

中国古代雕塑又分为陶俑、陵墓雕刻、宗教雕塑。我们这节课主要欣赏雕塑中的一种——陶俑。(引出本课主题"陶俑")

(三)陶俑的概念

陶俑是古代陪葬用的陶器,题材有人物、动物、建筑等。(课件展示)

二、欣赏陶俑(课件图片展示)

(一)最著名的陶俑当数我国陕西西安临潼的秦始皇陵兵马俑。秦始皇陵建于公元前246年,历时39年,是目前已知的中国封建社会规模最大的一座帝陵。秦始皇从13岁继位后,便开始为自己建造陵墓。统一六国后,又从

全国各地征调 70 万人建造陵墓，直到秦始皇死时，陵园尚未完全竣工。那秦始皇帝陵究竟是什么样子的呢？请看屏幕。秦始皇陵墓是一座结构宏大、富丽堂皇的地下王国和巨大的珍宝库。其中秦兵马俑的发现被称为"20 世纪最重要的考古发现"，堪称"世界第八大奇迹"。

兵马俑是秦始皇陵东侧的一组大型陪葬坑。1974 年 3 月 29 日，当地农民挖井时，偶然发现了一号兵马坑。以后相继发现了二号坑和三号坑。整个俑群寓静于动，给人千军竞发的感觉。这些数量众多、与真人真马大小相似，并围绕同一主题展现的艺术群雕，向后人展示秦始皇气吞六国、横扫八荒的惊人气魄。他们恢宏的气势、安详的姿态、肃穆的表情向后人诉说着秦王朝的强大，表现了秦朝人的聪明才智。让我们一睹它们的风采(课件短片《俑》播放)。

(二)不同朝代雕塑陶俑在表现手法中的不同(师生共同分析)

如果说秦代的雕塑是写实的艺术，那么汉代的雕塑可以说是写意的艺术。河南洛阳出土的"两舞俑"，以夸张的动势表现出长袖善舞的人在翩翩起舞，朴质之中透出灵动。"说唱俑"眉飞色舞的样子，让人仿佛能听到他的声音。西晋的"对书俑"两个人像是在对话，又像在争论什么。

(三)秦朝的写实、汉代的稚拙都别具风格，到了唐朝又出现了的"唐三彩"。你们知道"唐三彩"是有哪三种色彩组成的？它与秦俑、汉俑有什么不同？(答案：是红、黄、绿；属于精致型的。课件图片展示说明)

三、试一试

(一)请你用手中的材料雕一个你喜欢的俑(彩泥、泥塑、超轻黏土等)，表现手法和内容不限。

(二)可以参考其他儿童的作品。(播放其他儿童的雕塑作品)

四、梦想舞台

展示儿童的雕塑，师生互评活动。总结儿童的雕塑作品，以表扬为主。

五、拓展活动

(一)对陶俑有兴趣的同学，课后可以收集一些关于陶俑的邮票，我国的陶俑邮票很多。(课件展示一些陶俑邮票，增强民族自豪感)。

（二）不管是秦的兵马俑，还是其他朝代的文化，就像一部神话在诉说我国古代的文明。下面让我们一起来欣赏《神话》片段。（以轻松的方式结束本节课。）

案例四

"灵雅美术社"

灵雅探索：昆虫世界——放大镜

学情分析

中段的儿童，对昆虫已经有了一定的了解，但是仔细观察深入分析的能力还有限，绘画对他们来说难度还很大，本节课重点在于从绘画的表现难度入手，对绘画能力强的儿童要求画面内容完整、丰富，其他儿童只要画出局部的细节就可以了。

教学目标

1. 认识到使用工具观察扩大了人们的视野，可以观察到更细小的物体。

2. 激发使用放大镜观察昆虫的兴趣。

3. 了解身边的常见事物，再从局部和整体去观察美，感受美，进而探究美的因素。

教学难点：用图形记录放大镜下的昆虫肢体及生活习性。

教学重点：能通过放大镜观察到更多关于昆虫的细节。

教学手段：多媒体课件、放大镜

教学过程：

一、猜谜游戏，激趣导入

猜谜大闯关：（出示一系列跟昆虫有关的谜语）

头戴红缨帽，身穿绿罗袍，背上生双翅，爱脏腿长毛。——苍蝇

肚大眼明头儿小，胸前有对大砍刀，别看样子有点笨，捕杀害虫挺灵

巧。——螳螂

有个小姑娘,身穿黄衣裳,你要欺侮它,它就扎一枪。——马蜂

身体半球形,背上七颗星,棉花喜爱它,捕虫最著名。——七星瓢虫

师:在地球上有一个庞大的昆虫家族,它们种类繁多,每一种都有着特殊的身体构造与特有的生活习性,但由于它们个头太小,常常被我们忽略。让我们来看看摄像机镜头下奇妙的昆虫世界吧!

(播放有关昆虫形态构造和生活习性的课件)

二、观察交流,讲授新课

1. 出示一组大家熟知的昆虫图片,让儿童说说它们是谁,都有些什么共同点。师生总结:昆虫由这几部分构成——头、胸、腹、六只脚等。

2. 用放大镜近距离观察昆虫肢体,看看高清镜头下的昆虫局部(头部)

师:这些家伙比较小,让我们用上放大镜,看看会有什么新的发现?

3. 交流观察发现

儿童通过观察,交流自己的观察发现。教师辅之儿童相关的课外知识,丰富儿童对昆虫世界的了解,激发儿童研究昆虫世界的兴趣。

三、寻找细节,大胆绘画

寻找生活中的小昆虫,用放大镜观察,把观察到的最有趣的形象画出来。使用一组对比图片,将现实中的昆虫局部图片和画家笔下的昆虫细节进行对比。

儿童绘画,教师巡视指导。

四、动手参与,齐制作

教师展示自己制作好的昆虫,与孩子们一起欣赏,带领大家一起尝试用不同的材料来制作,如玻璃纸可以模仿昆虫的翅膀,扭扭棒和树枝可以用来制作昆虫的肢体等。

五、观察昆虫,齐探索

带领孩子带上放大镜和速写本到操场上去寻找、观察昆虫,并把它们画下来。

六、课后拓展

阅读《昆虫记》,选择一种昆虫作为观察对象,看看它们是如何吃食、活

动、筑巢……

教学板书

放大镜

头、胸、腹、六只脚

教学反思

在观察前，结合媒体图片、文字等资料，先向儿童介绍某些昆虫的复眼、足、触角、翅等值得用放大镜仔细观察的部位，这样有利于引导儿童在接下来的观察活动中能有重点有目标地进行观察，而不是随意的，漫无目标的，不要停留于小时候对昆虫粗浅的观察。观察活动中，一定要强调，先用肉眼观察，再用放大镜观察，通过比较，才能对放大镜下的昆虫世界有更深刻的认识。同时，要让儿童将放大镜下的发现记录下来，可以文字表述，可以画图记录，这样才能体现放大镜观察的效果，使儿童印象深刻。

（案例设计者：曹越）

五、"灵雅之旅"实践先行画出孩子们心中的美

读万卷书，更要行万里路。学校为了进一步提高儿童的创新能力和实践能力，美术社团、书法美术社团以及美术爱好者们在学校美术组老师、大队部的组织下走出教室，放下手中课本，回归本真的绘画体验，到校外进行实践活动。社团成员们开展了以研学走访、写生绘画、书画展等多种形式的活动，以素描、速写、国画、书法等为主题内容。

（一）"灵雅之旅"的活动创建与实施

艺术，是对生活、对生命的再现，书画可以将中国古代历史文化更好地继承发扬下去，对将存在、已存在、或曾存在的美好事物用笔记录下来，艺术可以使我们的生命更加绚丽。

活动目的：培养儿童热爱生活，善于观察，发现美、想象美、创造美、行动

美。亲近感受大自然赋予我们的美,懂得珍惜眼前的美好事物,通过主题活动使同学们有所收获,对书画更有兴趣,对美的感受能深层次的认识。

　　活动主题:每年一次不同主题。

　　活动时间:根据季节而定。

　　活动地点:美术馆、美术院校、博物馆、园林、碑林风景区等。

　　参加人员:书画社团及书画爱好者(带队老师由班主任、大队辅导员、美术老师根据人数而定)。

（二）"灵雅之旅"的评价要求

　　通过观察、概括等艺术手段进行自主地画面处理。只有充分发挥视觉的直观感受,才能使儿童发现自然之美,儿童只有置身于大自然之间,去看、去听、去感受,才会激发绘画的冲动,运用画笔抒发自身的情感。

　　艺术因回归自然而富有灵性,自然也因艺术的渲染而更添生机。这样的写生活动,不仅让儿童们打开了感官,还让优美的风景、灵动的小动物触动儿童的内心,让儿童想说话,敢表达,画面更加生动!

表 5-7　"灵雅之旅"评价量表

评价项目	评 价 内 容	得分
活动开展 (20分)	1. 活动内容生动有趣,能激发儿童参与的热情。 2. 活动贴近生活,具有创新性。 3. 活动具有针对性,能切实提高儿童的美术素养。	
内容丰富 (20分)	1. 知识有一定的拓展,在儿童积极参与活动的同时,也拓展和丰富自己的知识。 2. 了解活动主题的意义,对绘画研学内容有一定的认识。	
综合拓展 (10分)	1. 认真听取老师的安排。 2. 完成老师布置的任务,主动创作作品。	

续　表

评价项目	评 价 内 容	得分
儿童表现 (25分)	1. 在活动中,儿童充分发挥自己的主观能动性。 2. 能够根据活动的要求,儿童在获得知识的同时,也得到情感上的丰富。 3. 克服困难,相互帮助,提升自我。	
综合成绩 (25分)	1. 整个活动开展流畅,各个环节衔接紧密。 2. 不仅儿童通过活动得到能力的提升,老师也能从活动得到收获。	

　　通过一个阶段品质课程的探索学习,创建与实施品质课程方案,我们教师的观念行为发生了变化。新课改的理念,全新的课程观、教学观、儿童观、评价观在教师中形成共识并转变为自觉的教学行为,也涌现出了一批新课改实施和课程建设创新型教师。品质课程开发给教师提供了开发创造课程的空间,给学校注入了新的活力,为儿童的终身发展奠定基础。

　　我校的"灵雅课程"从建设到开发到实施一路走来,实属不易。从无到有,砥砺前行。就像艺术家,他会有自己的代表作,有自己的艺术符号。学校也一样,应该有能代表自己文化价值判断的教育理念,从而去影响孩子,影响教师,影响社会的文化生态。我们坚信课程的开发有利于现代教育,有利于儿童发展。让我们一起打破壁垒,从心出发,用绘画传承文化,用艺术对抗平庸。我们有决心为国家培养具有人文精神、创新能力、审美品位和美术素养的现代公民。

（撰稿人：曹越　熊琴）

第六章

体验学习

艺术思维的源泉

体验学习是人最基本的学习形式，倡导人在实践活动过程中，通过反复观察、实践、练习，对情感、行为、事物的内省体察，最终认识到某些可以言说或未必能够言说的知识，掌握某些技能，养成某些行为习惯，乃至形成某些情感、态度、观念。体验学习让儿童产生一种渴望学习的冲动，用脑子想、用眼睛看、用耳朵听、用嘴说话、用手操作，即用自己的身体去亲身感受，用自己的心灵去静心感悟，自愿地全身心地投入学习过程。在省思的体验中，儿童自觉连接当下的学习到过去、现在和未来，从而激发儿童的潜能，轻松收获个人或团队成功的体验。

　　体验学习的基础是在反复实践中的内省体察,是通过学习者不自觉或自觉的内省积累把握自己的行为情感,认识外在世界。小学时期处于从形象思维向逻辑思维转变的重要时期,需要积累丰富的生活经验,这就需要儿童亲身体验实践。而音乐课是一门能够帮助儿童更好地体会现实世界各种情感的课程。儿童通过亲身的体验构建知识、内化情感。在体验学习中,借助看、画、听、玩等感官性体验,让儿童感受音乐学习之乐;挖掘作品内涵,内化意义体验;引导深度参与,活化心灵对话;启动情感引擎,优化内省歌唱。儿童在感悟性体验中享受音乐艺术之美,提升审美能力,促进和谐发展。音乐是灵动美妙的体验,致力于让每个儿童涵养气质,乐于求知创造。音乐是知情合一的体验,在体验中,儿童有所感受,并对此留下了难忘的印象。[①]

　　南昌市北湖小学音乐教研组,现有教师3人,其中骨干教师2人,均为中小学一级教师。音乐组是一个充满活力、团结协作、积极进取的团队,教师学历均为本科。老师们多次在各级优质课、基本功大赛和论文评比中获奖。学校音乐教研组以儿童为根本,以审美为核心,以特色求发展,秉承"灵创教育"的灵美音乐课程理念,以教研组为单位开展教学研究,开展听课、评课、磨课活动,定期组织北湖大讲堂、教师基本功展评,充分发挥团队合作的力量。老师们积极参与各项教育教学活动,基本形成一定的教学风格,音乐课堂教学深受儿童的喜爱。

---

① 沈玲娣,陶礼光.体验学习的理论与实践[J].北京:北京教育(普教版),2005(Z1):20—22.

第一节 灵动美妙的教育

一、学科价值观

音乐教育价值观反映的是对音乐教育功能、效应的认识与追求。我国自古便有"以乐育人"的乐教思想，但对音乐教育功能的研究自《义务教育音乐课程标准(2011年版)》颁布之前只是局限在辅德、益智、健体、审美、愉悦五个方面。在研究了国际音乐教育改革趋向的基础上，根据中国社会发展对人才培养提出的新要求，对音乐教育功能、效应作了更深刻、更高度的审视。我国基础教育新一轮课程改革提出了新的音乐课程价值观，主要体现在以下几个方面：1.音乐审美体验价值观；2.创造性发展价值观；3.社会交往价值观；4.文化传承价值观。学科价值观突出体现了新时期对人的情感态度及价值观的培养目标。

音乐课程是九年义务教育阶段面向全体儿童的一门必修课，音乐课程性质主要体现在以下三个方面。

（一）人文性

音乐是文化的重要组成部分，是人类宝贵的精神文化遗产和智慧结晶。无论从文化中的音乐，还是从音乐中的文化视角出发，音乐课程中的艺术作品和音乐活动，皆注入了不同文化身份的创作者、表演者、传播者和参与者的思想情感和文化主张，是不同国家、不同民族、不同时代文化发展脉络以及民族性格、民族情感和民族精神的展现，具有鲜明而深刻的人文性。

（二）审美性

"以美育人"的教育思想与我国的教育、文化传统一脉相承，是培养德智体美劳全面发展的社会主义建设者和接班人的教育方针的有机组成部分。音乐教育能培养和提高儿童感受美、表现美、鉴赏美、创造美的能力。陶冶情操,张扬个性,启迪智慧,丰富和发展形象思维,激发创新意识和创造能力,全面提升儿童的素质。

(三)实践性

音乐音响不具有语义的确定性和事物形态的具象性。音乐课程各领域的教学只有通过聆听、演唱、探究、综合性艺术表演和音乐编创等多种实践形式才能得以实施。儿童在亲身参与这些实践活动的过程中,获得对音乐的直接经验和丰富的情感体验,为掌握音乐相关知识和技能、领悟音乐内涵、提高音乐素养打下良好的基础。

"灵美音乐"是灵动的教育,致力于让每个儿童乐于求知、乐于创造。"灵美音乐"是美妙的教育,致力于让每个儿童涵养气质、全面发展。

二、 学科理念

(一)以音乐审美为核心,以兴趣爱好为动力

音乐审美指的是对音乐艺术美感的体验、感悟、沟通、交流以及对不同音乐文化语境和人文内涵的认知。这一理念立足于我国数千年优秀的音乐文化传统,与我国教育方针中的"美育"相对应,彰显音乐课程在潜移默化中培育学生美好情操、健全人格和以美育人的功能。以音乐审美为核心的基本理念,应贯穿于音乐教学的全过程,在潜移默化中培育儿童美好的情操和健全的人格。音乐基础知识和基本技能的学习,应有机地渗透在音乐艺术的审美体验之中。音乐教学应该是师生共同体验、发现、创造、表现和享受音乐美的过程。在教学中,要强调音乐的情感体验,根据音乐艺术的审美表现特征,引导儿童整体把握音乐表现形式和情感内涵,领会音乐要素在音乐表现中的作用。

兴趣是学习音乐的基本动力,是儿童与音乐保持密切联系,享受音乐,用音乐美化人生的前提。音乐课应充分发挥音乐艺术特有的魅力,在不同的教

学阶段，根据儿童身心发展规律和审美心理的不同特征，以丰富多彩的教学内容和生动活泼的教学形式，激发和培养儿童的学习兴趣。教学内容应重视与儿童的生活经验相结合，加强音乐课与社会生活的联系。

（二）强调音乐实践，鼓励音乐创造

音乐教学是音乐艺术的实践过程。因此，所有的音乐教学领域都应强调儿童的艺术实践，积极引导儿童参与演唱、演奏、聆听、综合性艺术表演和即兴编创等各项音乐活动，将其作为儿童走进音乐、获得音乐审美体验的基本途径。通过音乐艺术实践，有效提高音乐素养，增强儿童音乐表现的自信心，培养儿童良好的合作意识和团队精神。

音乐是一门极富创造性的艺术。音乐课程中的音乐创造，目的在于通过音乐丰富儿童的形象思维，开发儿童的创造性潜质。在教学过程中，应设定生动有趣的创造性活动内容、形式和情境，发展儿童的想象力，增强儿童的创造意识。对音乐创造活动的评价应主要着眼于创造性活动的过程本身，而并非单一关注结果。

（三）突出音乐特点，关注学科融合

音乐是听觉艺术，儿童主要通过听觉活动感受与体验音乐。音乐音响随时间的流动而展现，它与人类的社会生活、各种文化艺术有着紧密的联系，这就为儿童感受、表现音乐，发挥想象力、创造力，提供了广阔而自由的空间。同时，也要关注音乐艺术的时间性、表演性和情感性特征，并在教学过程中加以强调和体现。

音乐教学的学科融合，既包括音乐与诗歌、舞蹈、戏剧、影视、美术等不同艺术门类的融合，还包括音乐与艺术之外的其他学科的融合。在教学中，学科融合应突出音乐艺术的特点，通过具体的音乐材料构建起与其他艺术门类及其他学科的有机联系，在融合过程中对不同艺术门类表现形式进行比较，拓展儿童的艺术视野，深化儿童对音乐艺术的理解。

（四）弘扬民族音乐，理解多元文化

教师应将我国各民族优秀的传统音乐作为音乐教学的重要内容。通过学习民族音乐，使儿童了解和热爱祖国的音乐文化，增强民族意识，培养爱国主义情操。随着时代的发展和社会生活的变迁，反映近现代和当代中国社会生活的优秀民族音乐作品，同样应纳入音乐课的教学中。

世界的和平与发展有赖于人们对不同民族文化的理解和尊重。在强调弘扬民族音乐的同时，还应以开阔的视野，学习、理解和尊重世界其他国家和民族的音乐文化。通过音乐教学使儿童树立平等的多元文化价值观，以利于我们共享人类文明的一切优秀成果。

（五）面向全体学生，注重个性发展

义务教育阶段音乐课的任务，不是为了培养音乐的专门人才，而应面向全体儿童，使每一个儿童的音乐潜能得到开发并使他们从中受益。音乐课的全部教学活动应以学生为主体，师生互动，将学生对音乐的感受和音乐活动的参与放在重要的位置。

每一个儿童都有权利以自己独特的方式学习音乐，享受音乐的乐趣，参与各种音乐活动，表达个人的情智。要把全体儿童的普遍参与与发展不同个性的因材施教有机结合起来，创造生动活泼、灵活多样的教学形式，为儿童提供发展个性的可能和空间。

基于音乐学科的特点和课改要求，为提高儿童艺术素养和能力，积累深厚的艺术文化底蕴，激发儿童对艺术的热爱之情，音乐组老师对音乐与人文的整合进行深度挖掘，合力开发了"灵美音乐"课程群。

"灵美音乐"的基本理念是：让儿童在创美实践中灵性地生长。以音乐审美为核心、以兴趣爱好为动力；强调音乐实践，鼓励音乐创造；突出音乐特点，关注学科融合；弘扬民族音乐，理解音乐文化多样性；面向全体儿童，注重个性发展。

第二节　艺术思维的培养

《义务教育音乐课程标准(2011年版)》指出："儿童通过音乐课程学习和参与丰富多样的艺术实践活动,探究、发现、领略音乐的艺术魅力,培养儿童对音乐的持久兴趣,涵养美感,和谐身心,陶冶情操,健全人格。学习并掌握必要的音乐基础知识和基本技能,拓展文化视野,发展音乐听觉与欣赏能力、表现能力和创造能力,形成基本的音乐素养。丰富情感体验,培养良好的审美情趣和积极乐观的生活态度,促进身心的健康发展。"

基于对音乐课程学科性质的认识,我校音乐课程以儿童为本,以审美为核心,以特色求发展,在习得中运用,在运用中培养儿童的音乐素养。音乐学科课程分别从"感受与欣赏、表现、创造、音乐与相关文化"四个方面入手,结合实际情况制定了以下目标。

一、学科课程总体目标

根据《义务教育音乐课程标准(2011年版)》的要求,学校音乐学科课程的总体目标是激发和培养儿童对音乐的兴趣。开发音乐的感知力,体验音乐的美感。提高音乐感受与评价欣赏的能力,养成良好的音乐欣赏习惯。能自信地、有感情地演唱,积极参与演奏及创造活动,发展表现音乐的能力。培养、丰富和提高艺术想象力和创造力。培养丰富的生活情趣和乐观的态度,增强集体意识,锻炼合作与协调能力。上述课程目标将从下列三个维度表述。

(一)情感态度价值观

1. 丰富情感体验,培养对生活的积极乐观态度。音乐学习可以丰富儿童的情感体验,使其情感世界受到潜移默化的感染和熏陶,建立起对人类、对自然、对一切美好事物的关爱之情,进而养成对生活的积极乐观态度和对美好未来的向往与追求。

2. 培养音乐兴趣,树立终身学习的愿望。通过各种有效的途径和方式引导儿童走进音乐,在亲身参与音乐活动的过程中喜爱音乐,掌握音乐的基本知识和基本技能,逐步养成欣赏音乐的良好习惯,为终身喜爱音乐奠定基础。

3. 提高音乐审美能力,陶冶高尚情操。通过训练儿童对音乐作品情绪、格调、人文内涵的感受和理解,培养儿童音乐的欣赏能力,养成健康向上的审美情趣,使其在真善美的艺术世界里受到高尚情操的陶冶。

4. 培养爱国主义情感,增强集体主义精神。通过音乐作品中所表现的对祖国山河、人民、历史、文化和社会发展的赞美和歌颂,培养儿童的爱国主义情感;在音乐实践活动中,培养儿童良好的行为习惯(宽容理解、互相尊重)和共同合作的意识,增强儿童的集体主义精神。

5. 尊重艺术,理解世界文化的多样性。尊重艺术家的创造劳动,尊重艺术作品,养成欣赏音乐艺术的良好习惯。通过系统地学习母语音乐文化和不同民族、不同国家、不同时代的作品,感知音乐中的民族风格和情感,了解不同民族的音乐传统,热爱中华民族音乐文化,学习世界其他民族的音乐,理解音乐文化的多样性。

（二）过程与方法

1. 体验。完整而充分地聆听音乐作品,在音乐体验与感受中,享受音乐审美过程的愉悦,体验与理解音乐的感性特征与精神内涵。

2. 模仿。通过亲身参与演唱、演奏、编创等艺术实践活动,并适当地运用观察、比较和练习等方法进行模仿,积累感性经验,为音乐表现和创造能力的进一步发展奠定基础。

3. 探究。培养儿童对音乐的好奇心和探究愿望,重视自主学习的探究过程,使儿童能够积极参与以即兴式自由发挥为主要特点的探究与创作活动。

4. 合作。在音乐艺术的集体表演形式和实践过程中,能够与他人充分交流、密切合作,不断增强集体意识和协调能力。

5. 综合。通过以音乐为主线的艺术实践,渗透和运用其他艺术表现形式和相关学科的知识,更好地理解音乐的意义及其在人类艺术活动中的特殊表现形式和独特的价值。

(三) 知识与技能

1. 音乐基础知识。学习并掌握音乐基本要素(如力度、速度、音色、节奏、节拍、旋律、调式、和声等)、常见结构、体裁形式、风格流派和演唱、演奏、识谱、编创等基础知识。

2. 音乐基本技能。学习演唱、演奏、创作的初步技能,能够自信、自然、有表情地演唱歌曲和演奏课堂乐器,了解音乐创作的基本方法。在音乐听觉感知基础上识读乐谱,在音乐实践活动中运用乐谱。

3. 音乐历史与相关文化知识。了解中外音乐发展的简要历史和有代表性的音乐家,初步识别不同时代、不同民族的音乐。认识音乐与姊妹艺术的联系,感知不同艺术门类的主要表现手段和艺术形式特征。了解音乐与艺术之外其他学科的联系,扩展音乐文化视野。根据自己的生活经验和学过的知识,认识音乐的社会功能,理解音乐与社会生活的关系。

音乐课旨在通过各种教学手段培养儿童的音乐能力,这就要求老师要激发儿童潜在的音乐才华,引导儿童正确学习,最终使儿童在掌握了基础知识后,对于音乐有自己的理解与创造。作为音乐教师要在课程中体现教学目标,针对儿童的综合能力,最大限度地开发儿童的潜能,使儿童喜爱音乐,热爱传统文化。

二、 学科课程年级目标

根据《义务教育音乐课程标准(2011 年版)》的要求,结合我校音乐学科课程总目标以及一至六年级的教材、教参,我们将音乐课程年级目标设置如下(见表 6-1)。

表6-1　南昌市北湖小学音乐学科课程年级目标表

目标 年级	感受与欣赏	表现	创造	音乐与 相关文化
一年级	感受自然界和生活中的各种声音,用自己的声音或打击乐器模仿喜欢的音响。体验不同情绪的音乐,自然流露出相应表情或做出体态反应。聆听儿童歌曲,聆听音乐形象鲜明、结构简短的进行曲、舞曲及其他体裁的音乐段落。聆听不同国家、地区、民族的儿歌、童谣及小型器乐曲或乐曲片段,初步感受其不同的风格。	学唱儿歌、童谣及其他短小歌曲,用正确的姿势、自然的声音,有表情地独唱或参与齐唱。学习打击乐器,参与演奏活动。配合歌曲、乐曲用身体做动作。认识简单的节奏符号,用声音、语言、身体动作表现简单的节奏。	运用人声、乐器声模仿自然界或生活中的声音。将儿歌、诗词短句用不同的节奏、速度、力度等加以表现。在唱歌或聆听音乐时即兴地做动作。运用线条、色块、图形,记录感受到的音乐。	感受生活中的音乐,乐于与他人共同参与音乐活动。用简单的形体动作配合音乐节奏。用简明的表演动作表现音乐情绪。用色彩和线条表现对音乐的不同感受。寻找声音与日常生活现象及自然现象的联系。
二年级	感受乐器的声音。听辨常见打击乐器的音色,并用打击乐器奏出强弱、长短不同的声音。体验并说出音乐情绪的相同与不同。通过模唱、打击乐器对所听音乐做出反应。随着进行曲、舞曲音乐走步、跳	采用不同的力度、速度表现歌曲的情绪,对指挥动作做出反应。用打击乐器或其他声音材料合奏或为歌曲伴奏。与他人合作,进行律动、集	用打击乐器或寻找发声材料探索声音的强弱、长短和音色。用课堂乐器或其他声音材料即兴配合音乐故事和音乐游戏。运用人声、乐	通过广播、影视、网络、磁带、CD等传播媒体听赏音乐。用简单的形体动作配合音乐节奏。用简明的表演动作表现音乐情绪。用色彩和线条表现对音

续　表

目标 年级	感受与欣赏	表现	创造	音乐与 相关文化
	舞。聆听不同国家、地区、民族的儿歌、童谣及小型器乐曲或乐曲片段，初步感受其不同的风格。	体舞、音乐游戏、儿童歌舞表演等活动。用唱名模唱简单乐谱。	器或其他声音材料，编创1—2小节的节奏音型。	乐的不同感受。用不同的节奏、节拍、情绪的音乐配合简单的韵律操动作。
三年级	哼唱熟悉的歌曲或乐曲。听辨歌唱中不同类型的女声和男声音色，说出人声的分类。认识常见的中国民族乐器和西洋乐器，能够听辨其音色。听辨不同情绪的音乐，能够作简要描述。聆听少年儿童歌曲、颂歌、抒情歌曲、叙事歌曲、艺术歌曲、格调健康的流行歌曲等各种体裁和类别的歌曲，能够随着歌曲轻声哼唱。聆听中国民族民间音乐，了解有代表性的地区和民族的民歌、民间舞蹈、民间器乐曲，体验不同的音乐风格。	用正确的演唱姿势和呼吸方法唱歌，培养良好的唱歌习惯。乐于参与各种演唱活动。学习竖笛或其他课堂乐器的演奏方法，参与歌曲、乐曲的表现。主动参与综合性艺术表演活动。结合所学歌曲认识音名、音符、休止符及一些常用的音乐记号。	运用人声、乐器声或其他声音材料表现自然界或生活中的声音。即兴编创同歌曲情绪一致的律动或舞蹈，参与表演。运用图谱或乐谱记录声音和音乐。	关注日常生活中的音乐。喜欢从广播、影视、网络、磁带、CD等传播媒体中收集音乐材料听赏音乐。观赏舞蹈，初步认识音乐在其中的作用。结合熟悉的影视片，感受音乐在其中的作用。选用合适的背景音乐，为儿歌、童话故事或诗朗诵配乐。

目标 年级	感受与欣赏	表现	创造	音乐与相关文化
四年级	感知音乐的节奏和旋律,体验二拍子、三拍子、四拍子的律动感。听辨旋律的高低、快慢、强弱。感知音乐主题,区分音乐乐段,用体态、线条、色彩做出相应的反应。体验并简要描述音乐情绪的变化。聆听不同体裁和类别的小型器乐曲,能够随着乐声哼唱短小的音乐主题或主题片段,能够通过律动或打击乐器对所听音乐做出反应。初步分辨小型的音乐体裁与形式。聆听音乐主题并说出曲名。聆听以京剧为代表的中国戏曲及曲艺音乐,聆听世界部分国家的民族民间音乐,感受不同的音乐风格。	用自然的声音、准确的节奏和音调,有表情地独唱或参与齐唱、轮唱、合唱。对自己和他人的演唱作简单评价。学习口风琴或其他课堂乐器的演奏方法,培养良好的演奏习惯,乐于参与各种演奏活动。在有情节的音乐表演活动中担当一个角色。跟随琴声视唱简单乐谱,加强识谱能力。	在教师指导下自制简易乐器。以各种声音材料及不同的音乐表现形式,即兴编创音乐故事、音乐游戏并参与表演。利用教师或教材提供的材料和方法,独立地或与他人合作编创2—4小节的节奏或旋律。	喜欢从广播、影视、网络、磁带、CD等传播媒体中收集音乐材料听赏音乐。观赏戏剧,认识音乐在其中的作用。结合熟悉的影视片,感受音乐在其中的作用。说出某些不同历史时期、不同地域和国家的代表性音乐作品。

续　表

目标 年级	感受与欣赏	表现	创造	音乐与 相关文化
五年级	探索自然界和生活中的各种音响，用不同方式模仿不同的声音。加深对人声、乐器声的了解和体验。能够说出各类人声和常见乐器的音色特点。有意识地体验音乐所表达的各种情感，运用音乐术语进行描述。聆听大合唱、组歌、室内乐、交响曲等多种体裁的歌曲和乐曲，随着乐声哼唱音乐主题，运用适当的形式对所听音乐做出反应。聆听中国民族民间音乐，简单描述不同的地域特点和民族风格，说出戏曲、曲艺的主要种类和代表人物。	自信地、有感情地演唱歌曲。在合唱中积累演唱经验，进一步感受歌唱的艺术魅力。学习基本的指挥图示，对指挥的起、止、表情等做出正确的反应。主动参与各种演奏活动，养成良好的演奏习惯。对所学的歌曲、乐曲创设简单的表演情境或形体动作。跟随琴声或录音视唱乐谱。	运用人声、乐器声或其他声音材料表现一定的情绪。即兴编唱生活短语或诗词短句。利用教师或教材提供的材料和方法，独立地或与他人合作编创4—8小节的旋律短句或短曲，并能用乐谱记录下来。	养成关注音乐的习惯，积极参加各种音乐活动。通过艺术作品，简单比较听觉艺术与视觉艺术在表现材料和表现特点方面的相同与不同。结合所熟悉的影视片，表述对某些背景音乐或主题音乐的认识。理解声音艺术与语言艺术的关系，选用音乐，烘托诗词、散文的意境。
六年级	在感知力度、速度、音色、节奏、节拍、旋律、调式、和声等音乐表现要素的过程中，根据自己的体验说出音乐要素	学习变声期嗓音保护的知识，懂得嗓音保护的方法。简单分析歌曲的特	运用人声、乐器声或其他声音材料表现一定的情绪。对自己或他人的声	喜欢并能够从传播媒体或现场演出中聆听音乐，搜集和积累音乐信息，与同学交

续　表

目标\年级	感受与欣赏	表现	创造	音乐与相关文化
	的表现作用。感知音乐的结构,简单表述所听音乐不同段落的对比与变化。体验音乐情感的发展变化,简要描述或通过多种形式表现出来。欣赏音乐分辨不同的体裁与形式。聆听音乐主题并说出曲名和作者。结合所听音乐,了解音乐体裁与形式在音乐表现中的作用。聆听世界不同国家的优秀音乐作品,对其风格特点进行简单描述,并说出主要音乐流派的代表人物。	点与风格,表现歌曲的音乐情绪与意境。对自己、他人或集体的演唱作简单评价。运用恰当的演奏方法表现乐曲的情绪,用优美的音色进行演奏。学习表演简单的音乐剧、京剧或其他戏曲、曲艺片段。具备识谱能力,比较顺畅地识读乐谱。	音探索活动作出评价。依据歌曲、乐曲的内容及情绪,进行即兴编创表演活动。尝试用电脑编创音乐。	换所搜集的音乐材料,交流音乐感受。结合所熟悉的影视片,表述对某些背景音乐或主题音乐的认识。运用综合艺术表现手段,与他人合作进行班级文艺活动的创意与设计。加深对音乐作品的理解,说出中国和世界部分国家的代表性歌曲或乐曲及相关的风土人情。

第三节　四灵核心的建构

　　基于"灵美音乐"的学科课程理念,我校音乐课程主要分为基础性课程和拓展型课程。基础性课程旨在培养儿童终身发展和适应未来社会所需的共同基础;拓展型课程主要满足儿童的个性化学习需求,培养儿童的兴趣爱好,开发儿童的潜能,促进学科特色的形成。鉴于此,下面将从学科课程结构和课程设置两方面对我校音乐学科课程框架进行论述。

一、 学科课程结构

依据国家教育有关方针政策,我校基础性课程主要以国家统编教材为教学媒介,不折不扣执行国家课程。拓展型课程则依托我校特色资源、教师及其他因素的影响,分为灵听、灵秀、灵创、灵通四大类(见图6-1)。

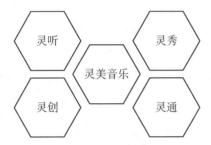

图6-1 "灵美音乐"拓展型课程结构

(一) 灵听

感受与欣赏是音乐学习的重要领域,是整个音乐学习活动的基础,是培养儿童音乐审美能力的有效途径。良好的音乐感受能力与欣赏能力的形成,对于儿童丰富情感提高文化素养、增进身心健康具有重要意义。教学中应激发儿童听赏音乐的兴趣,鼓励儿童对所听音乐表达独立的感受和见解,养成聆听音乐的习惯,逐步积累欣赏音乐的经验。

(二) 灵秀

表现是学习音乐的基础性内容,是培养儿童音乐审美能力的重要途径。教学中应注意培养儿童自信的演唱能力、演奏能力、综合性艺术表演能力,以及在发展音乐听觉基础上的读谱能力。通过音乐实践活动使儿童能够用音乐的形式表达个人的情感,并与他人沟通,融洽感情。

（三）灵创

创造是发挥儿童想象力和思维潜能的音乐学习领域，是儿童进行音乐创作实践和发掘创造性思维能力的过程和手段，对于培养创新人才具有十分重要的意义。音乐创造包括两类学习内容：一是以开发儿童潜能为目的的即兴音乐编创活动；二是运用音乐材料进行音乐创作尝试与练习。

（四）灵通

音乐与相关文化是音乐课人文学科属性的集中体现，是直接增进儿童文化素养的学习领域，有助于扩大儿童音乐文化视野，促进儿童对音乐的体验与感受，提高儿童音乐欣赏、表现、创造以及艺术审美的能力。这一教学内容虽然在某些方面有自己的相对独立性，但在更多的情况下，又蕴含在音乐欣赏、表现和创造活动之中。因此，这一领域教学目标的实现，应通过具体的音乐作品和生动的音乐实践活动来完成。

二、学科课程设置

通过对课程的重新梳理，我们在原有基础上，对音乐校本课程进行了再次系统、科学的开发。教师通过创设快乐、轻松、和谐的学习氛围，利用听、唱、跳、奏、演、说、读、写、画、视、玩等教学手段对儿童进行教学，课程设置及框架表如下（见表6-2）。

表6-2   灵美音乐拓展课程设置表

课程维度 课程安排		灵听	灵秀	灵创	灵通
一年级	上	耳朵竖起来	想唱就唱	灵动节奏	美诗吟唱
	下	春之声	趣味唱游	即兴能手	美诗吟唱

续 表

课程维度 课程安排		灵听	灵秀	灵创	灵通
二年级	上	秋之乐	童声飞扬	节奏大师	赣味童谣
	下	乐器猜猜看	童趣绘声	灵创啦啦	赣味童谣
三年级	上	背景音乐	越舞越爱	我是鼓手	魅力古典
	下	跳蚤市场	我为歌狂	趣味创编	魅力古典
四年级	上	民俗集结号	精彩舞韵	创意打击乐	京韵十足
	下	多彩乡音	音乐银行	小小创编家	京韵十足
五年级	上	最炫民族风	多彩和声	自制乐器 让我来	赣韵风华
	下	流行传唱	笛声悠扬	旋律创编 我能行	赣韵风华
六年级	上	庙会嘉年华	绘声绘色	创编达人	戏剧魅影
	下	中西古韵今风	笛韵声声	玻璃中的音乐	戏剧魅影

第四节　共生共成的课堂

　　"灵美音乐"课程依据学科课程理念、课程目标、课程设置，引领儿童发现音乐的美，提升儿童的音乐素养。本着知识性、实践性、趣味性、地方性的原则，从以下五个方面：构建"灵美音乐课堂"，开展"灵美音乐课程"，打造"灵美音乐社团"，举办"灵美音乐节"，搭建"灵美音乐大舞台"入手，依据学情，由浅入深，分年级、分学期实施。

一、 构建"灵美音乐课堂"，彰显课堂魅力

"灵美音乐课堂"坚持以学生为中心，以审美为核心，在课堂教学中，充分考虑儿童的个性特征，使每个儿童都能发展他们的特长，尊重儿童在课堂学习活动中的主体地位。具体来说就是老师在课堂上创设童趣盎然的教学情境，激发儿童学习的兴趣，让他们始终处于一种良好、和谐、愉悦的学习氛围中，让每个儿童都觉得学习是快乐的、幸福的，并且乐此不疲。

建设符合我校音乐学科实际的"灵美音乐课堂"，主要包括基本要求、推进策略和评价提升三个方面。

（一）"灵美音乐课堂"的基本要求

"灵美音乐课堂"的基本要求必须实现三个关键词：

1. 音乐。突出音乐学科的特点，音乐课堂中要体现音乐艺术。以音乐为本，注重"听赏"，感受、体验音乐作品的表现力；以音乐为本，须遵循儿童认知规律，正确认识音乐知识与技能；以音乐为本，明确音乐教学目标，围绕目标设计教学活动，丰富儿童的艺术实践；以音乐为本，合理选择教学方法和手段，让教学方法和手段恰到好处地为音乐教学服务。我们的音乐教育必须以音乐为载体，必须突出音乐学科的属性。

2. 情感。罗丹说："艺术就是感情。"音乐是情感艺术。音乐给人的情感移入比其他艺术更直接、更强烈、更能深入人的情感世界。音乐美，即是一种特殊的情感表达方式。音乐教育的特质就是情感审美。音乐课堂要牢牢抓住情感因素，不时点燃儿童的情感火花，使儿童在音乐审美过程中获得丰富的情感体验，并不断提高儿童情感外化的表现能力。

3. 体验。音乐是体验的艺术，音乐课堂是一个在教师启发和指导下儿童主动参与体验音乐的过程。审美不能依靠灌输，艺术不能容忍说教，音乐学习的根本机制是学习者自身对音乐的感悟。没有参与和体验，就不会有真正意义上的音乐教学。音乐课堂要尊重学生以自己的方式体验、学习音乐，要关注、保护和鼓励学生在音乐体验中的独立见解。

（二）"灵美音乐课堂"的推进策略

　　针对儿童的年龄特点，制定科学、适宜的学科年段目标展开教学，循序渐进地推进"灵美音乐"课程。根据儿童的"开悟"程度和不同的性格特点来确定教学手段和教学内容的多、少、难、易，争取最大程度地满足每一位儿童的内心需求，挖掘每一位儿童的内在潜力，创造因材施教的课堂。教学内容要丰富，基于教材又不拘泥于教材，立足于培养儿童的学科素养，立足于将课程变得更灵活有趣，启发儿童活学活用，勇于创新，创造共生共成的课堂。

　　"灵美音乐课堂"的实施，我们坚持以教科研为先导，以课例为载体，以观评课为抓手，朝着"灵美音乐课堂"的核心目标逐步探索出一条行之有效的"灵美音乐"文化之路。"灵美音乐课堂"的推进策略如下：

　　1. 问卷调查，直面问题。我们每学期坚持观课 20 节随堂课，做到节节评，发现普遍存在的问题后集中进行反馈。每节听评课后，由听课教师根据《灵美音乐课堂评价标准》进行量化评分，再进行调查问卷，更进一步触摸"灵美音乐课堂"的实质内涵。同时，对儿童进行问卷调查，直面儿童学习问题。

　　2. 课题联动，解决问题。围绕"灵美音乐课堂"，在区级课题之下，对全组教师进行个人课题研究的专题培训，引导老师如何从问题出发，选择个人课题进行灵美音乐课堂的有效研究。音乐组也会确定共同的研究课题，制定研究方案，教师个人的主题研究与组内的课题研究同时并进。

案例一

《金孔雀轻轻跳》

一、案例背景

　　这节课的教学理念是"以审美为核心，以兴趣为动力，构建互动体验型教学"。《金孔雀轻轻跳》选自人音版第三册音乐课本，是一首二拍子的节奏规律且具有浓浓傣族舞蹈风格的歌曲。我启发儿童用身体动作感受傣族舞蹈的风格。所以选择以孔雀为题材的教学设计。本课是以孔雀手势和踮脚走两个基本元素展开的一堂自主、开放、活泼的舞蹈课。

激发儿童的舞蹈兴趣,关键要抓住他们的心理特征。"好奇、好动、善于模仿"是儿童的身心特点,因此本课通过观察孔雀的特征以及老师的舞蹈,启发儿童模仿孔雀舞的基本动作。通过欣赏老师的示范,观察图片,发挥想象,充分调动儿童的积极性,使其能模仿学习孔雀的动作。针对儿童"好奇"的年龄特点,我以一段精彩的孔雀舞表演作为课堂的开场,新颖的引入,让儿童通过直观的欣赏来感受舞蹈中的美感和乐趣。再通过听、说、想、做、跳等活动进行师生互动,营造轻松愉快、生动活泼的互动氛围,建立和谐的师生关系,调动儿童积极性,从而使他们在学中玩,玩中创。我将大孔雀的出现,始终贯穿于整堂课,和儿童展开一系列的互动,从而使他们真正全身心地参与学习活动中去。

二、教学目标

1. 通过欣赏孔雀,激发儿童的舞蹈学习的兴趣。

2. 通过学习音乐,认识傣族音乐的风格,并且掌握二拍子的节奏特点。

3. 通过学习,准确掌握孔雀舞蹈,训练儿童的协调性。

三、教学重难点

掌握音乐是重点,学习舞蹈是难点。

四、精彩片段

课堂回放一:孔雀舞

我以一段形象优美的孔雀舞导入。表演前提示大家我会用一块布围成一条漂亮的裙子开始跳舞。

师:同学们,今天老师要跳一段舞蹈,表现的是一种小动物。请大家仔细观察,看看是什么动物?(放伴奏音乐老师表演)

生(们):孔雀。

师:你们真聪明,那你们说说怎么看出来的啊,老师哪个动作最像孔雀呀?(出示孔雀图片)

生：从孔雀的手势看出来的。啊,好漂亮的孔雀啊!(学生看图片)

师：那老师想问问小朋友觉得老师跳得好不好呢?

生(们)：好,好漂亮的孔雀。

师：那老师怎么没有听见掌声呢?

生：(啪-啪-啪)掌声响起。

师：刚才老师表演的是大孔雀,小朋友想不想学小孔雀怎么跳舞的呢?

生：想。

(以一段优美的孔雀舞蹈直观地将教学内容展现在学生面前。好玩,爱模仿是小朋友的天性。抓住其特点就能轻松地跟小朋友对话,使他们在这浓厚的兴趣中开始新课。)

课堂回放二：学习孔雀舞音乐

师出示课题《金孔雀轻轻跳》。

师：仔细听孔雀舞蹈的音乐。大家听听看这音乐是几拍子。

生：二拍子。

师：我想看看哪个小朋友最聪明,告诉老师二拍子有什么特点? 小朋友听听强拍的位置在哪里?(强拍击掌,弱拍拍肩)

生：……

师：小朋友有没有注意看老师拍掌很重,拍肩很轻啊! 注意重轻的区别,二拍子的节奏特征是强弱的区分。希望小朋友记住,待会儿跳小孔雀舞时肯定都是活泼的孔雀。

师：巩固练习节拍(要求学生在身体其他部位拍打出节奏型)

师：好,小孔雀音乐熟悉了,那我们现在开始学习孔雀舞蹈。

(熟悉和掌握音乐,是为学习孔雀舞打下基础。音乐是舞蹈的声音,舞蹈则是音乐的形体。我们舞蹈课的音乐教学是为舞蹈教学服务的,其目的是为了儿童更好地了解舞蹈,学习舞蹈,激发儿童舞蹈兴趣)

课堂回放三：学习孔雀舞蹈

师：刚刚小朋友是从什么动作看出老师跳的是孔雀舞?

生：（做出孔雀的手势）

师：有些小朋友摆的孔雀手势不错，现在老师教教小朋友们怎样更形象地跳小孔雀舞。首先我们先学手势——孔雀手势，大拇指和食指捏紧，后面三个手指用劲立起。

生：（模仿）

师：后三指一定要立起，那样才是漂亮、有精神的小孔雀。你们看，大孔雀漂亮吗？摆好后我们手腕发力碎抖动。

生：跟音乐练习手势（碎抖动）

（形象地模仿动物，使儿童对舞蹈学习产生浓厚的兴趣。）

师：可是我们小孔雀还是不会动啊！那么我们来学下小孔雀怎么走路。（学习踮脚走）

师：老师请小朋友仔细观察大孔雀跟你们这些小孔雀有什么不一样。（立起前脚掌）

生：老师立起来了。

师：踮脚走（一拍一下地走），现在还有什么不一样？

生：走起来了，大孔雀立着走起来。（儿童争先恐后地回答）

（这样的教学设计充分体现儿童的自主探索和体验，让儿童自主、独立地发现问题，自己成为小老师，调动他们的学习兴趣和求知欲，真正实现学习自主）

五、案例分析

1. 抓住儿童的年龄身心特点，激发、培养儿童对舞蹈学习的兴趣，使儿童体验舞蹈的审美性。

二年级小朋友以形象思维为主，好奇、好动、模仿力强，形体灵巧，比较适合采用模仿性的形体舞蹈教学手段，进行直观地教学，让儿童在欢乐的气氛中学习，培养儿童的舞蹈兴趣，提高他们的舞蹈素养。本课各个环节以模仿为主线，将形象的舞蹈通过模仿动物来展开，引导儿童用心体验小动物。培养儿童爱好舞蹈的情趣，发展儿童的鉴赏能力、想象能力和表现能力，加深儿童对美的了解。一开始教师抓住儿童爱模仿表演的特点，利用舞蹈小律动组织教学，通过形象生动和有节奏的形体动作，让儿童集中了注意力，进入学习中。总之，根据这一学段儿童以形象思维为主，好奇、好动、模仿能力强等身心特点设计教学，给出典型的节奏型，通过互动感受傣族的孔雀舞特点，充分调动儿童的多种感官，激发他们的兴趣和求知欲。

2. 注重"美"，以审美为核心，创设情境，营造宽松的教学环境，让儿童轻松、愉快地体验。欣赏优美的舞蹈，能促进儿童对美的认识和追求。孔雀舞欣赏情境的设置，让儿童对美产生直观、初步的印象，从而获得审美的愉悦。在情境的创设上做到以美感人，以美育人。为了营造轻松的环境，我采用谈话的方式与他们交流。

3. 充分调动儿童的学习兴趣，采用自主、模仿、合作、互动的学习方式。兴趣是最好的老师，激发儿童的学习兴趣，逐步形成儿童对音乐的学习志趣是促进儿童学习舞蹈的重要保证。创设大孔雀和小孔雀的互动情境，儿童能以主体扮演小孔雀参与学习中来。在教学中，1. 先由欣赏到教师示范(为了更形象把握自己比成大孔雀，小朋友为小孔雀)，小朋友跟着模仿。2. 通过交流合作的方法进一步补充学习(主要采用了我问他们答的方式)。3. 儿童仔细观察动作，进行探究学习。减少老师教儿童学的程式化教学。发挥儿童为主体，让他们自己发现问题，解决问题，让他们来教老师进行互动学习。4. 为了让他们更好掌握动作，我通过师生的合作进行练习。他们做着小孔雀动作来寻找大孔雀，让他们完全融入美的意境中，产生出美的画面。5. 完全掌握好动作后，要求他们之间相互合作，整齐有序地表演。"今天大孔雀和小孔雀相处得非常开心，现在大孔雀要跟小孔雀说再见了。我们抖动孔雀手势配上踮脚走跟老师说再见"我的话音刚落，下课铃声刚好响起，此时此刻我的心里充满喜悦。因为这节课取得了较好的效果，基本实现我的教学设想。更值得高兴的是准时完成教学任务，时间掌握恰到好处，这是我最大的进步。

4. 让儿童喜欢舞蹈，让他们喜欢你。要想让他们喜欢你，就必须做到爱他们，要有一颗童心，善于倾听他们的心声，和他们交朋友，用孩子般纯净而富有情趣的语言和形体动作,唤起他们的兴奋,把他们吸引到奇妙的舞蹈世界里来。

总之,舞蹈艺术的融入,给我们的音乐课带来了新的活力,我们应继续改进、完善、落实,使舞蹈艺术进一步地发挥其独特作用,为儿童的综合素质发展提供基础。

我是小小音乐家

【案例背景】

音乐课堂中的二度创作,以音乐活动为载体,通过多种形式的创编活动,引导儿童感知歌曲、演唱歌曲、表现歌曲。在活动中激发儿童的创造性思维,培养儿童自主探究及合作协调能力,提高儿童的审美情趣,促进儿童个性发展。

【案例叙述】

小小音乐家是一首欢快活泼、富有童趣的英国儿歌,表现了小朋友们欢聚在一起载歌载舞的场面。教学目标设计为儿童能用轻快、明亮的声音、自然而有表情地演唱歌曲《我是小小音乐家》,感受歌曲欢快、活泼的情绪;能参与律动创编及表现,感受歌曲旋律和节奏,借助音乐游戏创编声势动作解决节奏难点,借助肢体律动唱好弱起小节;能与小组成员合作,自制打击乐器创编节奏为歌曲伴奏。

【案例片段】 片段一:游戏导入

1. 律动《马鲁序卡舞曲》

师:同学们,你们喜欢音乐吗? 谁来说说为什么,音乐让你感受到什么?

师:我们可以用哪些形式表现音乐呀?(人声、器乐演奏)

师:你知道吗? 其实我们的身体也是可以用来表现音乐的,它也能唱出美妙的旋律呢。

2. 节奏游戏

过渡：刚刚我们用肢体动作描绘了歌曲的旋律，就好像我们的身体会唱歌一样。那老师请你开动脑筋想一想你的身体哪个部位也会唱歌呢？怎么唱呀？

① 教师示范：我的小手会唱歌 X X　X(拍手)

② 学生创编：我的小脚会唱歌 X X　X(踏脚)

嘴巴、牙齿、舌头、鼻子、眼睛……

③ 节奏接龙

师：同学们真的很棒，我们一起做个游戏，咱们比一比，看谁的反应最快，而且节奏最准确。我的身体会唱歌(小手、嘴巴、牙齿、舌头、鼻子、眼睛)。

师：在做游戏的时候，有一个节奏是我们反复使用的，你能将它读出来吗？

④ 节奏练习：X X　X　　ti ti ta

　　　　　　X X　X X　X　　　ti ti ti ti ta(四组节奏连读)

师：老师把这个节奏变化一下，你会吗？口读节奏，手打节拍，121 起。

『评析』

三年级的儿童活泼、好动模仿能力强。律动、游戏是他们乐于参与的活动方式。通过肢体的律动能够引导他们很快进入音乐课堂的情境中去，营造活泼欢快的氛围。结合《马鲁序卡舞曲》旋律上行下行走向设计肢体动作，帮助儿童感知旋律的变化，又巧妙地呼应了本课歌曲《小小音乐家》旋律发展方向，对于儿童感知和学习歌曲起到一定的铺垫作用。接着创编游戏的加入，极大地吸引了他们的学习热情，从"X X　X"节奏型入手，他们根据教师的师范，自主创编声势和音响，牢固地掌握了本节奏，又通过接龙游戏将节奏组合，由浅入深、层层递进，解决了本课的难点。以律动、游戏的方式引导进行二度创作，形象有趣，既激发了儿童的学习兴趣，解决了教学难点，又挖掘了儿童的创作潜质，营造了和谐欢快的课堂氛围。

【案例片段】片段二：体验感受师：有个英国的小伙叫约翰，他和你们一样热爱音乐,让我们一起去瞧瞧吧!

1. 初听歌曲。问:约翰自称是什么? 他会哪些乐器呢?

2. 介绍手鼓和小号

3. 复听歌曲。问:约翰的手鼓打得特别好,小喇叭也吹得不错。在歌曲中你听到手鼓和喇叭演奏的声音了吗? 你能将他们模仿出来吗? (出示节奏和拟声词)

4. 再听歌曲画旋律线。

师:来,我们比一比谁是最棒的小音乐家。请你伸出你的食指,跟着老师画出歌曲的旋律线线条。(旋律线:小音符的高低走向和变化形成的路线)

问:歌曲有几个乐句? 每个乐句之间有什么联系? 请你找出歌曲中相似的乐句。(同一色块标注)

『评析』

对于旋律的感知,在教学中主要引导儿童通过线条来表现,以画旋律线的方式来感知歌曲的旋律走向和乐句之间的联系,既直观又形象。儿童通过观察线条立刻感知到乐曲的结构,全曲有五个乐句,一二乐句相同,三五乐句相似。以这种方式创作感知旋律的变化,高效直观,具体清晰。在日常课堂教学中,教师可以利用这种创作方式帮助儿童感知乐曲的结构,对于复杂的音乐欣赏课,能够起到很好的辅助作用。

【案例片段】片段三:学唱歌曲

1. 学唱一二三句乐谱,找出相似乐句的不同。

2. 儿童填词演唱一二三乐句第一段歌词。

3. 儿童视唱第三句、第四句歌谱。

4. 儿童填词演唱第四句第五句歌词。(认识反复跳跃记号)

5. 分句学唱歌曲第二段。

6. 歌曲处理(弱起、换气记号、连线)

师:要想成为出色的音乐家,还要学会这三样技巧。(弱起、换气、连线)

（1）弱起：出示曲谱，标出强拍的字。练习第一二句，创编动作表现。

（2）换气：出现了几处？要轻轻地一提，轻轻地一吸。注意不能提胸斜肩。

（3）师示范拍球，模仿皮球有弹性的声音。生模仿边唱边做，色块处拍手。

（4）连线：连接小音符的这条线叫做连线。（师范唱粉笔演示）演唱这句时就好像这个小粉笔的起和落一样。演唱时声音稍大一点、高一点、圆滑一些。

7. 完整演唱。

分句讲解：第一二句，弱起音要唱弱，强拍要稍强，表现出小音乐家的自豪感。第三句第五句，声音要有弹性，就像拍皮球的感觉。第四句，演唱时声音要饱满、连贯。

『评析』

学唱部分是歌曲的重点，也是难点。对于弱起、连线、顿音的表现，在教学中我通过形象化的动作和演示引导儿童感受和表现。弱起借助图谱和动作理解，红色色块表示强拍，在强拍处根据歌词内容引导他们创编动作，如：我——拍胸脯表现自豪；手鼓声——拍手模拟音响；唱哟——手做喇叭状模拟唱歌的状态。这些创编对儿童来说简单又易于表现，加入动作后他们的演唱更加动情和投入，起到了良好的效果。我又通过拍球让他们具体了解顿音的感觉，通过抛粉笔让他们感受起伏推动的演唱状态，他们能够形象地感知并表现出来。因此教学中，教师要善于挖掘歌曲的各个要素，进行二度编创，帮助儿童感知歌曲、理解歌曲、表现歌曲。

【案例片段】片段四：拓展延伸

1. 自制打击乐器。

2. 创编节奏，表现歌曲

『评析』

打击乐器的加入能够丰富歌曲的音响效果，激发儿童的表现力。自制打击乐器对他们来说更具有趣味性和挑战性,既锻炼了动手能力,又激发了想象力和创造力。通过自制乐器、创编节奏、表现歌曲一系列的音乐活动,他们体会到演奏的乐趣,获得了心理上的满足,对于提高他们的观察力、注意力、想象力、创造力及合作协调能力都有很大的促进作用。

【案例解读】

本节课中的二度创作,是基于音乐素材的特点,通过游戏、律动、声势、自制乐器等音乐活动帮助儿童感知歌曲,表现歌曲。在活动过程中,教师通过多种方式引导儿童自主创编节奏、声势,感知旋律和情绪,在一定程度上对歌曲进行了二度创编,加入了自己的理解,并将其表现出来。本节课中,主要从以下几点开展二度创作。

一、立足元素、鼓励编创

节奏是音乐的骨骼,旋律是音乐的灵魂。在本节课的教学中,我抓住了歌曲的两大基本元素。从节奏入手,引导儿童创编节奏,开展节奏接龙游戏,在游戏中突破教学难点,降低学习的难度。从旋律入手,以律动的方式感知旋律的走向,以画旋律线的方式感知歌曲的结构,避免了复杂乐曲的分析和识谱练习,提高了学习效率。他们在探索和游戏中感知歌曲,激发了参与的热情,提高了音乐表现力和创造力。

在教学中,教师要深入挖掘歌曲的基本要素,引导儿童通过二度创作的方式丰富歌曲的表现,激发他们的想象力和创造力,提高他们的探索创造能力。

二、示范演示、体验感知

教师的示范和演示具有直接的指导意义,形象而直观。在本节课中,通过示范引导儿童创编节奏,规范了创作的模式,降低了创作的难度。通过抛粉笔的演示让儿童具体感知附点四分音在作用,帮助儿童更为准确地表现歌曲。因此在教学中,对于难以理解的教学内容或者音乐二度创作中较难的部分,教师要适当借助示范和演示的作用,帮助儿童感知歌曲内容,了解创作的方法。

三、借助器乐，丰富表现

器乐演奏较多地被运用在音乐教学中，也是音乐课堂中二度创作常用的创作方式。本节课以自制打击乐为主，融入了节奏创编，既锻炼了儿童的动手能力，又开发了儿童的创造性思维，使得歌曲音响更加充实，丰富了歌曲的表现形式，让儿童在演奏中具体地感知音乐形象，收获了更多音乐体验。

（案例设计者：徐雅琴）

在音乐教学中，教师要乐于尝试、敢于尝试，创造性地使用教材，挖掘教材中的各个表现要素，引导儿童积极探索和创作，拓宽儿童的思维和音乐视野，让儿童在快乐的音乐学习中收获自信、快乐成长！

（三）"灵美音乐课堂"的评价提升

我们从三个着眼点来思考"灵美音乐课堂"的评价。

1. 音乐课堂，儿童主体。"灵美课堂"的重要特征，就是要培养儿童的学习兴趣与能力。在教师系列课堂活动的创设下，儿童主动学习，并养成良好的音乐学习习惯。

2. 音乐课堂，教得享受，学得快乐。创设"灵美音乐"品质课堂，课堂中，儿童在老师的引导下积极学习，乐学善思，享受与人合作、交流和探究的快乐，以积极向上的态度健康成长。教师在教学中，寓教于乐，创设高效有趣的音乐课堂。我们把真情融入小学音乐的教授当中，始终保持新鲜感。

3. 音乐课堂，唯美高效。音乐学科是一门美育学科，通过音乐教育培养和提高儿童感受美、表现美、鉴赏美、创造美的能力，这就决定了我们教师在课程实施过程中，要注意音乐的审美性。事先做好学情分析，根据儿童的年龄特点，来创设唯美高效的音乐课堂，让儿童陶冶情操，发展个性，启迪智慧，丰富和发展形象思维，激发创新意识和创造能力，全面提升儿童的素质。

依据我校"灵美音乐课堂"的内涵，我们设计了"灵美音乐课堂评价量表"，以量化的方式对课堂进行评价。听评课后，由听课教师填写评价表交给执教教师,作为教师成长足迹的重要组成部分,通过评价量化分数曲线图的绘制,记录教师课堂教学成长的过程。评价表如下(见表6-3):

表6-3　灵美音乐课堂评价量表

单位		教师姓名		
课题名称		成绩	得分	
			等级	
评 价 指 标		分值	评分等级	得分
			A　B　C	
教学目标(10%)	符合学科课程标准和教材的基本要求,基础性目标明确、具体、多元化,发展性目标有所体现。	10	10　8　6	
教学内容(10%)	联系儿童生活和社会实践,合理整合教学资源,并能注意音乐教学各领域之间的有机联系,重点突出,难易适度。	10	10　8　6	
教学策略与方法(40%)	围绕目标创设灵活的、有助于儿童学习的教学情景,营造民主、平等、互动、开放的学习氛围。	10	10　8　6	
	善于引导儿童关注音乐,注重学习过程中的体验、探究与合作、表现,指导具有针对性、启发性。	12	12　10　8	
	儿童认真参与音乐的学习、评价活动,积极思维,乐于表现和创造,敢于表达和质疑。	10	10　8　6	
	根据教学实际综合音乐与相关文化,针对教学内容,给学生提供合理的、开放性的教学资源,弘扬民族音乐,理解多元文化。	8	8　6　5	

续 表

评价指标		分值	评分等级			得分
			A	B	C	
教学资源 (15%)	灵活、合理、准确地使用教学资源，并能根据自己的教学需要，灵活地加工、处理、整合教学资源，具有一定的创新性。	10	10	8	6	
	教学资源使用应控制在 20 分钟之内。	5	5	4	3	
教学效果 (15%)	儿童在情感、态度、价值观等方面得到相应的发展。	8	8	6	5	
	儿童充分享受音乐活动的过程，并由此获得一定的音乐表现能力。	7	7	6	4	
教师素养 (10%)	正确把握学科的知识、思想和方法，准确理解音乐作品的情感、风格。有扎实的音乐专业教学基本功，现代教学技术手段设计应用适时适度，操作规范熟练。	5	5	4	3	
	有较为丰富的组织和协调能力，有教改创新精神，有独特良好的教学风格。语言准确、有感染力，有较为丰富的音乐表现力。	5	5	4	3	
备注	各项累积得分 90 分以上为 A,80—89 分为 B,79 分以下为 C。					

二、 开展"灵美音乐课程"，丰富音乐课程内涵

（一）组建"灵美音乐"课程群

根据学校音乐学科师资力量，结合教师自身特长，依据《义务教育音乐课

程标准(2011年版)》,以国家统编教材为原点,按照"1＋X"形式组建音乐学科课程群,"1"是指整合后的基础性课程,"X"是指个性化发展的拓展型课程,是基础性课程的拓宽与延伸。课程群的实施基于各学科的课程标准,是对基础课程的强化和夯实,是一个主题明晰的内容系列,是采用多样的相对固定的形式与时间的"微课程"。通过这些课程的实施,激发儿童的兴趣爱好和学习潜能,促进他们对基础课程的学习效能提升。

在"1＋X"学科课程群的建构中,我们设计了学科内渗透式整合、跨学科融合式整合、超学科消弭式整合三条路径。

1. 学科内渗透式整合,侧重学科内容的优化、重组,实现减负增效。学科内渗透式整合,立足于音乐学科,依据音乐主题单元,将音乐的相关知识、能力等组成一个有联系、有逻辑、有层次的系统,从而形成适合儿童发展、满足儿童需要的主题单元课程。

2. 跨学科融合式整合,打破学科之间的界限,实现多学科融合,促进儿童整体素养的提升。跨学科融合式整合,以一个音乐主题为中心,充分发挥各学科的独特优势,将不同学科的概念、内容和活动等整合在一起,为研究同一主题、解决同一问题提供不同学科的思想和方法。

3. 超学科消弭式整合,围绕同一主题,超越学科边界,打通课堂与社会、生活的联系,寻找解决问题的多种途径。主题来源于与儿童生活密切相关的现实问题,由师生共同参与开发或者由儿童自己发现。学科知识和社会生活紧密相连,儿童的课内学习和课外活动紧密相连,学校的课程设置要把这些密切相关的东西统整起来,从而培养儿童理解和综合运用知识解决实际问题的能力,乃至迸发创造的火花。

（二）"灵美音乐课程"的评价要求

关注过程性评价,主要依据授课教师记录的数据,包括课堂表现、任务完成情况、参与热情、团队合作意识、能力锻炼、学习体会及测试等。

评价内容有以下方面:在知识或技能的某些方面获得进一步的拓展或

提高；兴趣爱好和潜能得到进一步开发和发展；学会选择并作出决策，能根据自身的基础、兴趣爱好和社会发展需要选择拓展内容与方向；在综合实践能力方面得到提高；在自学能力、合作能力、批评性思维能力、发现问题、分析问题和解决问题的能力等方面得到增强；勇于探索、积极创新、自觉钻研、进取向上的精神得到培养。

评价方式主要包括自评、师评、互评、家长评四个方面。

1. 自我评价：由教师确立评价项目和评价方法(或由教师提供多种评价项目和方法，供大家选择，或完全由儿童自己确立评价的项目和评价的方法)，进行自我评价。

2. 教师评价：由教师通过观察、学习过程中的情况记录，以及多种形式的作业、作品等进行评价。

3. 相互评价：借助评价量表进行互评。

4. 家长评价：家长参与评价。

"灵美音乐"课堂教学结合儿童的学习和发展实际，采用多元化的评价方式，评价儿童综合音乐素养的发展水平。坚持评价的科学性、导向性、激励性、参与性、多样性、可行性、阶段性原则，以形成性评价为主，以儿童平时参与各种音乐活动所表现出的兴趣、态度和能力为主要依据。提倡强化激励和反馈的功能，帮助儿童发展多方面的潜能。依据"灵美音乐"课堂的意涵，结合音乐学科特点，根据课程内容的不同，"灵美音乐"课程评定具体参考下表(见表6-4)：

表6-4 灵美音乐课程质量评价量表

评价内容	评价等级			评价方式			
	A	B	C	自评	师评	互评	家长评
学习态度							
乐理知识							

续　表

评价内容	评价等级			评价方式			
	A	B	C	自评	师评	互评	家长评
唱歌水平							
读谱能力							
音乐技能							
学习兴趣							
参与热情							
合作意识							
创造意识							
音乐生活							
学习体会							
综合测试							

备注：1.本评价表针对课堂表现情况作评价。2.本评价分为定性评价部分和定量评价部分。3.定量评价部分总分为 100 分，最后教师评、同学评和自评分数按比例取均值。4.定性评价部分分为"我这样评价自己"、"伙伴眼里的我"和"老师的话"，都是针对被评者做概括性的描述和建议，以帮助被评者的改进与提高。

三、 打造"灵美音乐社团"，发展儿童音乐爱好

（一）"灵美音乐社团"的主要类型

"灵美音乐社团"是喜爱音乐者的社团。社团活动能丰富儿童的业余生活，培养儿童的艺术表现能力，陶冶儿童的高尚情操，提高儿童的综合素质，促使校园文化向多元化、健康化方向发展。我校成立了合唱团、舞蹈团、管乐团、民乐团、话剧团、音乐社、吉他社、摇滚社、街舞社等众多优质音乐学习社团，为儿童提供多样化、个性化的自由展示空间，张扬个性，享受音乐学习带

来的愉悦。

（二）"灵美音乐社团"的推进策略

将音乐教学内容与音乐综合实践（生活）应用相结合，以合作学习的形式成立音乐社团。不同的社团可根据自己感兴趣的内容确定本社团活动主题，设计本社团的活动方案。具体操作如下（见表6-5）：

表6-5 （　　　）音乐社团活动记录表

周次	日期	活动内容	活动地点	活动评价	备注
1					
2					
3					
4					
5					
6					
7					
8					
9					
10					
11					
12					
13					
14					
15					

（三）"灵美音乐社团"的评价要求

我们从三个着眼点来思考"灵美音乐社团"的评价。

1. "灵美音乐社团"的重要特征,就是要培养儿童的学习兴趣与能力。在教师系列社团活动的创设下,儿童主动学习,并养成良好的音乐学习习惯。

2. 创设"灵美音乐社团"活动时,儿童在课堂上,在老师的引导下积极学习,乐学善思,享受与人合作,交流和探究的快乐,引导儿童以积极向上的态度健康成长。教师在教学中,寓教于乐,创设高效有趣的音乐活动。

3. "灵美音乐社团"活动,培养并提高儿童感受美、表现美、鉴赏美和创造美的能力,这就决定了我们教师在活动过程中,要注意音乐的审美性,合理创设唯美高效的音乐活动,让儿童陶冶情操,发展个性,启迪智慧,丰富和发展形象思维,激发创新意识和创造能力,全面提升儿童的艺术修养。

我校的"灵美音乐社团"课程,从活动方案、活动过程、活动小结、活动新闻、社团特色、老师参与、材料完善、管理表现、综合考评九个方面进行评价,采用每周的活动开展情况评价与学期末的综合评价相结合的方式,具体评价标准如下(见表6-6):

表6-6　灵美音乐社团活动评价考核表

社团名称　　　　评价指标	合唱团	舞蹈团	管乐团	民乐团	话剧团	音乐社	吉他社	摇滚社	街舞社
1. 活动方案(10分)认真程度、新颖程度等									
2. 活动过程(10分)纪律性、组织性、协调性、团结性、形式多样性、影响力度等									
3. 活动小结(10分)认真、体会的深刻性、反思性、创造性等									

续　表

社团名称\\评价指标	合唱团	舞蹈团	管乐团	民乐团	话剧团	音乐社	吉他社	摇滚社	街舞社
4. 新闻编写(10分)内容真实、构思独特、形式多样、排版新颖等									
5. 社团特色(10分)内部组织、宣传效果、活动效果、学生调查等									
6. 指导老师参与(10分)									
7. 材料上交(10分)									
8. 管理表现突出(10分)									
9. 综合考评(20分)									
总分									

四、举办"灵美音乐节"，浓郁音乐学习氛围

（一）"灵美音乐节"的课程设计

音乐学科跨文化意识的培养，我们音乐组结合了中西方音乐文化点来开展不同性质的音乐节活动。每学年开展相对的音乐主题，创设良好的学习氛围，从而提高儿童的国际视野。例如，"我最摇摆""我爱唱红歌""声入人心""美诗吟唱""魅力古典""笛韵声声""国粹京华"等。通过历时一个月的音乐节，丰富校园音乐文化，让音乐传遍校园，使儿童感受到音乐的无比魅力，享受到音乐节带给他们的无限乐趣，体会到社团文化特色。

（二）"灵美音乐节"的课程评价

"灵美音乐节"结合儿童的学习和发展实际，采用多元化的评价方式，评

价儿童综合音乐素养能力的发展水平,帮助儿童发展多方面的潜能。加深教师对"灵美音乐节"的深入理解,不断丰富总结经验,实现教学的最优化。具体活动评价如下(见表6-7):

表6-7　灵美音乐节优化评价表

评价指标	评 价 内 容	评价分值
主题 20分	1. 主题鲜明、立意新颖、寓意深刻 2. 主题具有时代性、科学性、针对性、实效性、教育性 3. 根据儿童身心发展和成长中遇到的共性问题确定主题	
目标 20分	1. 目标明确,有明确的导向和时代性 2. 达到儿童情感态度价值观的转变 3. 儿童有认识,有感悟,自我教育能力得到增强,能促进儿童身心健康发展	
内容 20分	1. 贴近社会现实,贴近儿童实际生活,贴近儿童身心发展规律内容 2. 紧扣主题,准确定位 3. 分出层次,突出重点	
实施 20分	1. 情景设计合理,操作性强,能体现综合运用知识的能力 2. 要依据所确定、分解、细化的具体内容选择活动 3. 采取多种形式呈现 4. 设置拓展性、开放性的,能给以儿童思考空间的问题,引导儿童体实施体验和感悟 5. 面向全体儿童,关注儿童的个性和差异,注重培养儿童的实践能力,教育作用明显 6. 师生互动,儿童参与面广,能充分体现儿童主体、教师主导的新课程理念 7. 活动设计有特色有创意,体现课程的实践性、自主性、综合性、创造性和趣味性	

续 表

评价指标	评 价 内 容	评价分值
方式 20分	1. 新颖、独特、多样，让儿童充分展示自我 2. 注重儿童的感悟和体验 3. 重视活动的群体性，引导儿童合作学习 4. 能创设生动、活泼、有效的课堂氛围	

五、搭建"灵美大舞台"，丰富儿童的艺术表现机会

为了进一步挖掘学校深厚的音乐底蕴，发现培养音乐人才，宣传、推出音乐之星，促进学校艺术教育工作健康发展，推进学校素质教育的全面实施，给更多的儿童提供表现音乐才能的机会，我们学校开展了"灵美大舞台"的活动。活动包括唱歌、舞蹈、管乐等内容，大家自编、自导、自演，极大地唤起了儿童的创造热情，不断品尝到创新的快乐，受到了大家的一致好评，也为学校的音乐教育提供了更好的施展平台。

（一）"灵美大舞台"的主要做法

"灵美大舞台"活动由学校组织，每月开展一次，全体师生踊跃参与。各年级制定一个活动主题，根据主题设计活动内容。儿童根据自己的爱好、特长，自选表演形式，自选合作伙伴，自选节目负责人，自选时间排练，自选节目主持人和学生评委。教师制定"灵美大舞台"活动方案，提前布置任务。在排练过程和音乐课堂上给予一定的指导并提供帮助，做好组织协调工作。

（二）"灵美大舞台"的课程评价

"灵美大舞台"坚持评价的科学性、导向性、激励性、参与性、多样性、可行性、阶段性原则，以形成性评价为主，以儿童平时参与各种音乐活动所表现出

的兴趣、态度和能力为主要依据。通过评价,加深师生对"灵美大舞台"的深入理解,综合培养儿童在听说唱动、奏画玩演方面的能力。

(撰稿人:徐雅琴)

后 记

　　学校紧紧抓住东湖区全面推进"品质课程"的契机,启动了新一轮的课程改革探索与研究,学校在"品质课程"的推进过程中,重新审视教育发展之核心,在全校师生中开展了"我心中的北小"的调研活动,在调研问卷中设置了"你认为北小的成功经验是什么? 你认为什么是北小精神? 北小最珍贵的是什么? 北小的文化是什么? 你希望未来北小如何发展?"等一系列问题,旨在让教师了解学校的发展与挑战,激发教师热爱学校、热爱教育、热爱儿童的激情与活力。同时,学校先后在不同层面不同领域组织学习讨论,在专家团队的指导下,遵从教育本源、遵从校史沿革,逐渐形成了《学科课程群与全经验学习》的研究成果。

　　回顾《学科课程群与全经验学习》一书的编写过程,我们在学校集有限的资源和精力做最有价值的教育研究的基础上,经上海市教育科学研究院杨四耕老师的指导,对学校灵创特色课程进行了系统的梳理,围绕学校课程建设、课程群开发、跨学科整合尝试以及学生学习方式变革等方面进行了总结;全书从学生的学习方式角度切入,经六个章节系统地呈现了学校灵创课程建设与学生学习方式变革之间关系的研究,以及记录了学校对于特色课程开发与推进的一些尝试。本书的编写历经一个学期,由胡乐红校长领衔主编,由学校职能科室负责人以及部分课程相关教师共同完成撰写,是我校教师集体智慧的结晶。

　　《学科课程群与全经验学习》是学校近年来坚持开展科技特色课程研究的阶段性成果,汇聚了近年来学校实施"灵创课程"的实践经验和教学成果,体现了学校让每个孩子涵养气质;让每个孩子更加强健;让每个孩子乐于求知;让每个孩子张扬个性;让每个孩子乐于创造;让每个孩子全面发展的办学追求。

在此感谢学校相关教师的默默耕耘,感谢东湖区教研室的专业引领,感谢上海教育科学研究院杨四耕老师的帮助!

今后,我们将持续以学习、研究的方式不断推进,期待北湖校园里成长出来的"灵创课程"更具生命力。我们真心希望每一个孩子能与文化相遇,与科技相伴,经教育促进学生的生命成长和个体成熟,并将此作为学校永远的追求。囿于我们的理论和能力水平,本书难免有不当之处,恩请各位领导、专家、同仁指正!

涂汉洪

2020 年 2 月

教师专业发展的理论与实务	978 - 7 - 5760 - 0721 - 3	42.00	2021 年 2 月
课堂教学的 30 个微技术	978 - 7 - 5760 - 1043 - 5	52.00	2020 年 12 月
教学诠释学	978 - 7 - 5760 - 0394 - 9	42.00	2020 年 9 月
原点教学:提升区域育人质量的策略研究			
	978 - 7 - 5760 - 0212 - 6	56.00	2020 年 8 月
聚焦学科核心素养的课堂教学	978 - 7 - 5675 - 8455 - 6	36.00	2018 年 11 月
指向学科核心素养的课堂教学范式			
	978 - 7 - 5675 - 8671 - 0	54.00	2019 年 6 月

学校课程发展丛书

数学学科课程群	978 - 7 - 5675 - 9445 - 6	58.00	2019 年 8 月
科学学科课程群	978 - 7 - 5675 - 9593 - 4	34.00	2019 年 9 月
核心素养与课程设计	978 - 7 - 5675 - 9462 - 3	46.00	2019 年 9 月
语文学科课程群	978 - 7 - 5675 - 9441 - 8	56.00	2019 年 9 月
品牌培育与学校课程	978 - 7 - 5675 - 9372 - 5	39.00	2019 年 9 月
英语学科课程群	978 - 7 - 5675 - 9575 - 0	39.00	2019 年 10 月
体艺学科课程群	978 - 7 - 5675 - 9594 - 1	34.00	2019 年 10 月
跨学科课程的 20 个创意设计	978 - 7 - 5675 - 9576 - 7	34.00	2019 年 10 月
学校课程与文化变革	978 - 7 - 5675 - 9343 - 5	52.00	2019 年 10 月

品质课程实验研究丛书

学校课程框架的建构:HOME 课程的旨趣与架构			
	978 - 7 - 5675 - 9167 - 7	36.00	2019 年 9 月
聚焦育人目标的课程设计:红棉花季课程的愿景与追求			
	978 - 7 - 5675 - 9233 - 9	39.00	2019 年 10 月